BLV Gartenberater

Cevat	Was fehlt denn meiner Zimmerpflanze?
Lohmann	Öko-Gärten als Lebensraum
Jacobi/Mierswa	Gärtnern unter Glas und Folie
Oldale	Garten- und Zimmerpflanzen richtig vermehren
Widmayr	Alte Bauerngärten neu entdeckt

BLV Gartenbücher

Brookes	Der eigene Garten richtig geplant und gestaltet
de Haas	Naturgemäßer Obstbaumschnitt
Fleig-Harbauer	Der japanische Garten
Herkner	Rund um den Wassergarten
Herwig	350 Gartenpflanzen in Farbe
Herwig	Gartengestaltung – Tips und Ideen
Herwig/Stehling	Der Weg zum schönen Garten
Jacobi	Pflanzen auf Balkon, Dachgarten und Terrasse
Kreuter	Der Bio-Garten
Kreuter	Kräuter + Gewürze aus dem eigenen Garten
Lelley	Pilze aus dem eigenen Garten
Michaeli-Achmühle	Gartenpraxis A–Z
Mierswa	Kleingewächshäuser – Folien und Frühbeete
Oudshoorn	201 Stauden in Farbe
Scheerer	Rosen in unserem Garten
Schmitt/Jacobi	Der Garten im Jahreslauf
Schubert	Im Garten zu Hause
Stangl	Gesundes Obst + Gemüse aus dem eigenen Garten
Stangl	Mein Hobby der Garten
Stangl	Neuer Ratgeber für Hobby-Gärtner
Toms/Dahl	Krankheiten und Schädlinge an Obst und Gemüse

BLV Garten- und Blumenpraxis

301 Gartenblumen
302 Gartenarbeit richtig gemacht
303 Kakteen und andere Sukkulenten
304 Bonsai
305 Ziergehölze
306 Obstbaumschnitt
307 Obst aus eigenem Garten
308 1×1 der Hydrokultur
309 Blattpflanzen für jede Wohnung
310 Gartengestaltung
311 Gemüseanbau im eigenen Garten
312 Gestalten mit Blüten und Blumen
313 Steingärten
314 Der gesunde Gartenboden
315 Biologischer Pflanzenschutz
316 Balkon- und Terrassengärten
317 Rosen
318 1×1 des Bio-Gärtnerns
319 Der Garten in den Jahreszeiten
320 Der naturgemäße Kräutergarten
321 Der Heidegarten
322 Gärtnern mit Kindern
323 Orchideen für zu Hause
324 Wassergärten

BLV GARTENBERATER

Hendrik Nicolaas Cevat

Was fehlt denn meiner Zimmerpflanze?

Schäden erkennen und behandeln

Übersetzt und bearbeitet von Prof. Dr. Günther Liebster

Zweite Auflage

BLV Verlagsgesellschaft
München Wien Zürich

CIP-Kurztitelaufnahme der Deutschen Bibliothek

Cevat, Hendrik Nicolaas:
Was fehlt denn meiner Zimmerpflanze?: Schäden
erkennen u. behandeln / Hendrik Nicolaas Cevat.
Übers. u. bearb. von Günther Liebster. – 2. Aufl. –
München; Wien; Zürich: BLV Verlagsgesellschaft,
1984.
  (BLV Gartenberater)
  Einheitssacht.: De kamerplanten doktor ⟨dt.⟩
  ISBN 3-405-12750-5
NE: Liebster, Günther [Bearb.]

Bildnachweis

Angermayer: 61
Bayer, Leverkusen: 59 M, 59 u, 73 ul, 94 o
Bayerische Landesanstalt f. Bodenkultur und
    Pflanzenbau, München: 43 o, 47 u, 51, 55, 56,
    63 M, 68 u, 70, 89, 98, 101 u, 105, 109 u, 115 o
Biologische Bundesanstalt f. Land- und Forstwirt-
    schaft, Braunschweig: 97 u, 110
Daudt: 75 o, 85
De Prins: 9
Jesse: 59 o
Landesanstalt für Pflanzenschutz, Stuttgart,
    Geigenmüller: 25 o, 75 M, 81, 107, 111
Metalldünger Jost GmbH, Penningsfeld/Kurzmann:
    41, 43 M, 43 u
Reithmeier: 45, 49, 63 o, 73 o, 73 ur, 75 u, 83, 87,
    91, 94 u, 106, 117 o
Seidl: 47 o, 79
Zinkernagel: 63 u, 67, 93, 97 o, 101 o, 109 ol,
    109 or, 115 u, 117 u

Titelfotos:
Oben links: Seidl; oben rechts: Bayer, Leverkusen;
    unten links und rechts: Reithmeier

Zeichnungen: Hermut Geipel

Titel der holländischen Originalausgabe:
De kamerplanten doktor
© 1981 Zomer & Keuning Boeken B. V., Ede

Deutschsprachige Ausgabe:
© 1983 BLV Verlagsgesellschaft mbH, München, 1984

Gesamtherstellung: Pustet, Regensburg

Printed in Germany · ISBN 3-405-12750-5

Inhalt

Inhalt

Eine Fensterbank ohne Pflanzen ist bei uns kaum vorstellbar. Nahezu in jedem Hause gibt es zahlreiche Zimmerpflanzen, um die Wohnung zu verschönern, sie mit mehr Leben zu füllen und, sicher nicht zuletzt, um dort, wo man keine Fenster- und Übergardinen verwendet, einen gewissen Ausgleich und Sichtschutz zu schaffen.

Viele Stunden in der Woche ist man mit der Pflege der Pflanzen beschäftigt, und weder Kosten noch Mühe werden gescheut, um zu erreichen, daß die Pflanzen gesund und üppig gedeihen. Umso größer ist die Enttäuschung, wenn diese Mühe vergebens ist und die Pflanzen, aller Pflege und Sorge zum Trotz, nicht das Ergebnis zeigen, das man erwartet hat; wenn Schädlinge, die anscheinend nicht auszurotten sind, die Pflegemaßnahmen von einer Lust zur Last werden lassen.

Obwohl das Sprichwort »Vorbeugen ist besser als Heilen« auch für die Haltung von Zimmerpflanzen zutrifft, gibt es doch eine Reihe von Parasiten, deren Auftreten man nicht vorbeugen kann. Die Erkrankung von Zimmerpflanzen ist daher mit Sicherheit nicht in allen Fällen auf eine schlechte Pflege zurückzuführen. Solche Parasiten können allein schon vom Wind bis in das Zimmer verfrachtet werden, und obwohl die Gärtner alles in ihren Kräften Stehende tun, um ihre Produkte möglichst gesund heranzuziehen, kann es doch vorkommen, daß die Pflanzen schon leicht befallen oder erkrankt auf die Fensterbank gelangen. Im Zimmer, mit seinem günstigen und schützenden Kleinklima, können sich die Schädlinge dann plötzlich explosionsartig vermehren und im Handumdrehen einen großen Teil der Pflanzen befallen.

Dieses Buch wurde geschrieben, um Ihnen als Pflanzenliebhaberin und -liebhaber zu helfen, wenn Krankheiten und Schädlinge, die das Leben Ihrer Zimmerpflanzen bedrohen, auftreten und bekämpft werden sollen.

Aber auch Fehler in der Pflege von Zierpflanzen, die auf die Dauer zu schlechtem Wuchs und größerer Anfälligkeit gegen Krankheiten und Schädlinge führen, werden erörtert.

Ich hoffe, daß jeder Hobby-Gärtner mit Hilfe dieses Buches noch mehr Freude erlebt an den aus unseren Räumen nicht mehr wegzudenkenden herrlichen Mitbewohnern: den Zimmerpflanzen.

2 Einführung

Obwohl Blumen und Pflanzen nicht unbedingt zu unserem wichtigsten Lebensbedarf gehören, sind viele Menschen heutzutage bereit, dafür erhebliche Geldbeträge auszugeben. Blumen und Pflanzen gehören zu unserem Leben, ja man kann sagen, daß sie uns von der Wiege bis zur Bahre begleiten; vom Blumenstrauß zur Geburt über das Hochzeitsbukett und das Blumenfenster in der Wohnung bis zum Kranz auf dem Grabe. Blumen und Pflanzen schmücken unsere Häuser und bringen damit ein Stück Natur in unser Heim. Die nahezu tägliche Mühe, die die Betreuung der Zimmerpflanzen erfordert, wird kaum jemanden veranlassen, auf Pflanzen in der Wohnung zu verzichten. Die blühenden Fensterbänke, die blumengeschmückten Häuser und Vorgärten überall, Fernsehsendungen über Blumen- und Pflanzenpflege, nationale und internationale Ausstellungen und Gartenschauen und vieles andere mehr sind Ausdruck der Blumen- und Pflanzenfreundlichkeit der Menschen in aller Welt.

Für diese Blumen- und Pflanzenpracht sorgen zahllose Gärtner mit vielen Millionen Quadratmetern modernster Gewächshausfläche und Freilandkulturen. Wenn man z. B. in den Niederlanden die Blumenanbaufläche auf die Einwohnerzahl umrechnet, kommt man auf etwa 2,5 m^2 pro Einwohner, und so groß etwa ist auch die Oberfläche der Fensterbänke pro Einwohner dieses Landes.

Gesunde Zimmerpflanzen verschönern jede Wohnung.

Einführung

Die volkswirtschaftliche Bedeutung des Blumen- und Zierpflanzenbaues ist groß. Die Ergebnisse der statistischen Erhebungen über die Produktion und den Umsatz auf den Großmärkten, Blumenversteigerungen und Blumengeschäften sprechen eine deutliche Sprache. Nicht zu unterschätzen sind auch die Mengen an Pflanzen, großen und kleinen, die – über die eigene Produktion hinaus – aus fast allen Gegenden der Erde importiert werden, um ebenfalls unsere Wohnungen zu schmücken und unser Zimmerpflanzensortiment mit all dem Schönen und Exotischen aus fernen, wärmeren Ländern zu vergrößern.

Ein gutes Beispiel für solche zur Zeit stark gefragten importierten Zimmerpflanzen ist die *Yucca*, auch Palmlilie genannt, die, ähnlich wie zu Großmutters Zeiten die *Sansevieria*, zu deutsch Bogenhanf, heute in zahlreichen Wohnungen zu finden ist. Auch Zimmerpflanzen sind offenbar der Mode unterworfen. Die traditionelle Zimmerpflanze früherer Zeiten, *Cyclamen*, das Alpenveilchen, fiel diesem Wandel zum Opfer und hat schon seit vielen Jahren seinen Platz als Nr. 1 der Topfpflanzen abgeben müssen. Der Grund für den starken Rückgang in der Beliebtheit der *Cyclamen* liegt in der Hauptsache darin, daß diese Pflanze kühl stehen will, eine Forderung, die sich heute in den zentralgeheizten Wohnungen kaum noch erfüllen läßt.

Das heutige Zimmerpflanzensortiment ist den verhältnismäßig hohen Raumtemperaturen, die wir gewohnt sind, und der damit verbundenen niedrigen relativen Luftfeuchtigkeit leider nur zum Teil angepaßt. Es ist daher begreiflich, daß sich die Pflanzen oft nicht sehr wohl fühlen und anfällig werden für Krankheiten und Schädlinge. Manch einer mag beim Durchblättern dieses Buches zutiefst erschrecken und sich vielleicht unwillig und voller Zweifel fragen, ob es nicht überhaupt besser gewesen wäre, auf eine grüne Fensterbank zu verzichten. Glücklicherweise aber gilt auch für uns das Sprichwort »Vorbeugen ist besser als Heilen«; wir können nämlich eine Reihe von vorbeugenden Maßnahmen ergreifen, die die Gefahr eines Krankheits- oder Schädlingsbefalls an Zimmerpflanzen erheblich vermindern. Wir sprechen in diesem Fall von Präventiv- oder Vorbeugungsmaßnahmen. Aber auch wer diese nicht ergreift, braucht, wie in den folgenden Kapiteln näher erläutert wird, keineswegs den Mut zu verlieren und die Flinte ins Korn zu werfen.

3 Vorbeugung

Unter Vorbeugung versteht man eine Betreuung, die es der Pflanze ermöglicht, ungestört zu wachsen, gegen den Befall durch Krankheiten und Schädlinge widerstandsfähig zu werden und sich dadurch gewissermaßen selbst zu schützen. Schon die sorgfältige Prüfung der Frage, ob eine neu erworbene Pflanze auf eine Fensterbank oder unter Glas bzw. in das Gewächshaus gehört, ist eine Form der Vorbeugung.

Der Schutz der Pflanzen gegen Krankheiten und Schädlinge durch eine vorbildliche Pflege kann jedoch nicht verhindern, daß »echte« Parasiten zuschlagen können. Es sind lediglich die sogenannten Schwächeparasiten, die wir durch Vorbeugungsmaßnahmen mehr oder weniger erfolgreich von unseren Pflanzen fernhalten können.

Zimmerpflanzen kommen fast immer aus dem Gewächshaus, dessen Kleinklima den Ansprüchen der Pflanzen weitgehend angepaßt ist. Wohnungen dagegen werden für die Bedürfnisse der Menschen gebaut. Hier stoßen also unterschiedliche Interessen aufeinander, und wir sollten nach einer günstigen Kompromißlösung suchen, um uns einerseits selbst in der Wohnung wohl zu fühlen und andererseits den Pflanzen solche Verhältnisse zu schaffen, daß sie von Krankheiten und Schädlingen möglichst verschont bleiben.

Vielleicht ist es gut, wenn wir uns zunächst ein wenig in das pflanzliche Leben vertiefen, um zu sehen, was wir daraus in bezug auf die Pflege und Bedürfnisse der Pflanzen lernen können. Eine Pflanze atmet und hat Hunger und Durst genau wie wir Menschen. Die Zeichnung macht sicher schon vieles deutlich, und der nachfolgende Text wird Ihnen weitere Erläuterungen geben.

Beginnen wir mit der Assimilation bzw. mit der Bildung von Kohlenhydraten. Die in der Luft enthaltene Kohlensäure und das Wasser aus dem Boden werden vom grünen Blatt mit Hilfe des Sonnenlichtes als Energiequelle in den Blättern zu Kohlenhydraten, das heißt, Zucker und Stärke, umgewandelt. Aus diesen Kohlenhydraten und den im Bodenwasser gelösten Nährsalzen bildet die Pflanze auch Fette und Eiweiß. Das bei der Assimilation frei werdende »Abfallprodukt« heißt Sauerstoff.

Schematische Darstellung von Assimilation und Atmung.

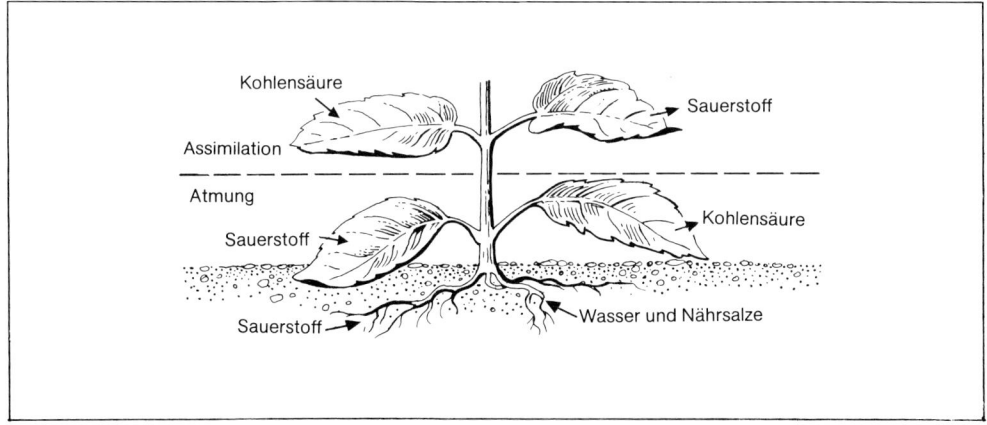

Nachts – ohne Sonnenlicht – erfolgt ein Abbau verschiedener Stoffe, z. B. Zucker, die Energie für die Atmung und Bewegung liefern. Gleichzeitig nimmt jedoch die organische Pflanzenmasse zu, weil tagsüber mehr an Bildungsstoffen produziert als nachts verbraucht wird, das heißt, die Pflanze wächst. Nun darf man sich nicht vorstellen, daß die Pflanze die gesamte von uns im Zimmer ausgeatmete Kohlensäure wieder prompt in Sauerstoff umsetzt; die Pflanzen atmen nämlich mit ihren Blättern und Wurzeln selbst auch, sie nehmen Sauerstoff auf und geben, ebenso wie wir, Kohlensäure ab. Sie können jedoch unbesorgt sein, auf jeden Fall bleibt für uns noch genügend Sauerstoff zum Atmen übrig.

Sicher sind nach diesen nicht ganz einfachen Ausführungen einige Begriffe nun schon etwas klarer geworden. Zusammenfassend kann festgestellt werden, daß eine Pflanze für ein gesundes Wachstum notwendig braucht: Sonnenlicht, Kohlensäure, Sauerstoff, Wasser, eine bestimmte Temperatur und mineralische Nährstoffe. Diese wichtigen Wachstumsfaktoren sollen im folgenden näher besprochen werden.

3.1 Licht

Ausreichend Licht ist von entscheidender Bedeutung für das Wohlbefinden unserer Zimmerpflanzen. Jeder Pflanzenliebhaber wird dies bestätigen können. Aber wie sieht es damit in den Wohnungen aus? Es gibt Fenster nach Norden, Osten, Westen und Süden. Das Licht kann ungehindert eindringen oder wird durch andere Gebäude oder auch Bäume mehr oder weniger abgeschirmt.

Da paßt z. B. eine Kübelpflanze gerade so schön vor eine Wand tief im Innern der Wohnung, oder auf dem Fernsehapparat in der dunkelsten Ecke des Zimmers muß unbedingt eine Pflanze stehen. Zuviel Licht ist oft nicht gut, aber zu wenig Licht ist auf jeden Fall noch schlimmer.

Am meisten Licht kommt natürlich durch ein Südfenster in das Zimmer. Unmittelbar hinter dem Fenster kann es jedoch in den Sommermonaten so heiß werden, daß es hier keine Pflanze aushält. In den Wintermonaten dagegen ist in unseren Breiten das Sonnenlicht so schwach, daß gerade das Südfenster dann der beste Platz ist. Bei zu wenig Licht etiolieren die Pflanzen, das heißt, die Triebe vergeilen, werden lang und schwach, die Blätter sind mehr oder weniger bleichgrün, und die Pflanze wird anfälliger für Krankheiten und Schädlinge. Die richtige Pflanze an den richtigen Platz, sollte daher die Losung sein!

Wissen Sie übrigens, daß eine Pflanze auf der Fensterbank nur etwa 30% der Lichtmenge erhält, die sie im Freien erhalten würde? Und daß die Lichtintensität mit jedem Meter Entfernung vom Fenster um 50% abnimmt? Das bedeutet, daß eine Pflanze, mehr als 3 m vom Fenster entfernt, praktisch Tag und Nacht im Dunkeln steht.

Die Maßeinheit für die Lichtstärke heißt Lux. Das folgende Beispiel, berechnet für ein Fenster nach Osten an einem sonnigen Tag im Februar, soll Ihnen die Verhältnisse näher erläutern: Draußen vor dem Fenster wurden 1900 Lux gemessen, drinnen auf der Fensterbank 1000 Lux, und bei 1 und 2 m Abstand vom Fenster betrug die Lichtintensität nur noch 650 bzw. 450 Lux. Zur gleichen Zeit wurden auf der Fensterbank nach Süden über 5000 Lux gemessen. Im Sommer dagegen, in der vollen Sonne im Freien, beträgt die Lichtstärke 100 000 Lux, im

Schatten eines Baumes 10 000 Lux und am Fenster während des Tages noch 3500 bis 5000 Lux. Die Lichtmenge, die unsere Zimmerpflanzen in den Wintermonaten erhalten, ist also außerordentlich gering. Glücklicherweise kann die moderne Technik dem Pflanzenfreund helfen. Wenn man an einem in bezug auf die Belichtung ungünstigen Platz unbedingt Pflanzen aufstellen will, sollte man die Anschaffung einer zusätzlichen Beleuchtung in Form einer Quecksilberdampf-Hochdrucklampe oder einer Halogen-Metalldampflampe erwägen, die man über den Pflanzen aufhängt. Diese Lampen strahlen sämtliche Farben des Sonnenspektrums aus, die zum Pflanzenwachstum notwendig sind.

Nicht alle Pflanzen reagieren auf diese Zusatzbelichtung mit einer normalen, ungestörten Entwicklung, eine deutliche Förderung des Wachstums wird aber in jedem Falle zu erreichen sein. Bedenken Sie bitte auch, daß buntblättrige Pflanzen wegen ihres geringeren Gehaltes an Blattgrün mehr Licht benötigen als Pflanzen mit rein grünen Blättern. Mit etwas Erfahrung dürfte es aber gelingen, Zimmerpflanzen ausfindig zu machen, die an einem eigentlich zu dunklen Platz mit Hilfe von Kunstlicht doch noch gut gedeihen.

In der Tabelle im Abschnitt ›3.2 Temperatur‹ ist für eine größere Zahl von Pflanzenarten auch der Lichtbedarf angegeben. Selbstverständlich steht es Ihnen frei, eine Pflanze an jeden von Ihnen gewünschten Platz zu stellen, doch ob sie an diesem Standort auf die Dauer wirklich gedeiht, ist eine andere Frage.

Für die richtige Beurteilung in bezug auf die Helligkeit an einem Standort haben wir folgende Einteilung getroffen:

Sonnig

Es gibt nur eine begrenzte Anzahl von Pflanzen, die das ganze Jahr über die volle Sonne vertragen. Diese Pflanzen gehören somit an ein Fenster nach Süden. Trotzdem mag es sich als notwendig erweisen, an Sommertagen in den heißen Mittagsstunden durch einen Sonnenschirm oder eine Jalousie für etwas Schutz zu sorgen, weil es sonst unmittelbar hinter dem Fensterglas zu heiß werden würde.

Hell

Als hell bezeichnen wir einen Platz im vollen Tageslicht, aber ohne direkte Sonnenbestrahlung. In der Regel fallen die Fenster nach Westen und Osten unter diese Kategorie. Wie die Tabelle zeigt, können einige Pflanzen sowohl »sonnig« als auch »hell« stehen, was in Anbetracht des wechselnden Sonnenstandes auch durchaus verständlich ist.

Dunkel

Außer Fenstern nach Norden zählen zu den dunklen Standorten Rauchtische, Fernsehapparate und dergleichen, auf die Pflanzen, weitab vom Fenster, gestellt werden. Die hierher gelangende Lichtmenge ist schon sehr klein, ebenso aber auch die Zahl der hierfür geeigneten Pflanzen. Neben einigen wenigen Blattpflanzen kann man hier natürlich auch alle möglichen Blütenpflanzen, die man bereits blühend erhält, bis zum Ende der Blüte aufstellen.

3.2 Temperatur

Jede Pflanze hat ihre bestimmten Temperaturansprüche, die wir – zur Sicherung einer optimalen Entwicklung – genauestens be-

Vorbeugung

achten sollten. Leider gibt es in den meisten Häusern nur einen einzigen Wohnraum, in dem eine mittlere, uns zuträgliche Zimmertemperatur herrscht, und hier sollen nun möglichst auch viele der verschiedenartigsten Zimmerpflanzen Aufstellung finden.

Dies hat zur Folge, daß kälteliebende Pflanzen viel zu warm stehen und wärmeanspruchsvolle Pflanzen unter der Kälte leiden. Letzteres ist glücklicherweise nur selten der Fall, weil die Temperatur in den heute überwiegend zentralgeheizten Wohnräumen so hoch ist, daß sich die meisten Zimmerpflanzen wohlfühlen und nicht frieren.

Zu große Temperaturunterschiede zwischen Tag und Nacht sollten vermieden werden; 14° C nachts dürften in den meisten Fällen das Richtige sein. Tiefer sollte man den Thermostaten nicht stellen, da es am Morgen zuviel Energie kosten würde, wieder eine behagliche Zimmertemperatur zu erreichen.

Wenig bekömmlich ist die heute in den meisten Wohnungen im Winter gehaltene Zimmertemperatur um 21° C für eine ganze Reihe von Pflanzen, die man früher in einen kühleren Raum oder in die Veranda stellte. Das beste Beispiel hierfür ist das Alpenveilchen, *Cyclamen*, das es in unseren warmen Wohnräumen heute nicht lange aushält. Auch mit den sogenannten Orangerie-Pflanzen wird man im Winter in den warmen Wohnzimmern nicht viel Freude und Erfolg haben. Hierzu zählen z. B. die Orangenbäumchen, *Citrus*, die Zimmertanne, *Araucaria*, der Lorbeerbaum, *Laurus*, die Australische Silbereiche, *Grevillea*, das Wandelröschen, *Lantana*, der Oleander, *Nerium*, die Zimmerlinde, *Sparmannia* und die Kamelie, *Camellia*, die man früher auf herrschaftlichen Landsitzen im Kalthaus an

einem Südplatz überwinterte. Nur bei Frost wurde das Kalthaus ein wenig aufgeheizt. Einige wenige Landsitze und zum Teil auch Botanische Gärten verfügen heute noch über eine derartige Orangerie.

So schön und exotisch viele dieser Pflanzen bei ihrer Anschaffung auch aussehen, so schnell geht ihre Schönheit im warmen und lufttrockenen Zimmer im Winter auch wieder dahin. Ein Notbehelf ist vielleicht die Fensterbank in einem ungeheizten Schlafzimmer oder aber, was sicher besser ist, ein kleines, nur sehr mäßig geheiztes Gewächshaus.

Die nachstehende Tabelle soll Aufschluß geben über die Temperaturansprüche der verschiedenen Zimmerpflanzen, wobei 3 Gruppen unterschieden werden: Warm, gemäßigt, kalt. Die erste Ziffer gibt die nächtliche Minimum-Temperatur an, die zweite die maximale Tagestemperatur.

Warm

Ständige Temperatur 15–20° C; dies ist die in den Wintermonaten in den meisten Wohnräumen herrschende Temperatur. Abends erreicht man nach Schließen der Vorhänge und Gardinen und Abstellen der Heizung eine Abkühlung bis auf etwa 15° C.

Gemäßigt

10–18° C ist ein Temperaturbereich, in dem sich zwar die Mehrzahl der Zimmerpflanzen sehr wohl fühlt, der aber den Menschen nicht behagt. Wir Menschen fühlen uns erst bei einer Zimmertemperatur von 20–22° C so recht behaglich. Sollten wir uns als Folge von Energiesparmaßnahmen jemals an diese Temperaturen gewöhnen müssen, würde uns als einziger Trost das gute Gedeihen unserer Zimmerpflanzen bleiben.

14

Pflanzenname	Licht			Temperatur		
	sonnig	hell	dunkel	warm 15-20° C	gemäßigt 10-18° C	kalt 9-14° C
Abutilon, Zimmerahorn	□				□	
Acalypha, Nesselschön		□		□		
Achimenes, Schiefteller		□		□		
Ananas, Ananas	□			□		
Anthurium, Flamingoblume		□		□		
Aphelandra, Glanzkölbchen		□			□	
Araucaria, Zimmertanne			□		□	
Ardisia, Spitzblume	□				□	
Asparagus, Zierspargel			□	□		
Begonia, Blattbegonie			□		□	
Begonia, Blütenbegonie		□			□	
Beloperone, Zierhopfen		□			□	
Bougainvillea, Bougainvillee	□			□		
Bromelia, Bromelie		□			□	
Brunfelsia, Brunfelsie		□				□
Kakteen	□ (Sommer)			□ (Sommer)		□ (Winter)
Caladium, Kaladie	□	□		□		
Calathea, Korbmarante			□	□		
Calceolaria, Pantoffelblume		□				□
Campanula, Glockenblume		□	□		□	
Ceropegia, Leuchterblume	□				□	
Cissus, Klimme		□				□
Citrus, Orangenbäumchen	□				□	
Clivia, Klivie, Riemenblatt		□				□
Codiaeum, Wunderstrauch	□			□		
Coleus, Buntnessel	□				□	
Columnea, Kolumnee		□		□		
Cordyline, Keulenlilie		□			□	
Crossandra, Crossandre		□			□	
Cyclamen, Alpenveilchen		□				□
Dieffenbachia, Dieffenbachie		□			□	
Dipladenia, Dipladenie		□		□		
Dizygotheca, Fingeraralie		□			□	
Dracaena, Drazäne		□		□		
Euphorbia, Wolfsmilch	□				□	
Farne			□		□	
× *Fatshedera*, Efeuaralie		□				□
Ficus, Gummibaum		□			□	
Fittonia, Fittonie		□			□	
Fuchsia, Fuchsie		□				□
Grevillea, Australische Silbereiche		□				□
Hedera, Efeu		□			□	
Hibiscus, Eibisch	□				□	

Vorbeugung

Pflanzenname	Licht			Temperatur		
	sonnig	hell	dunkel	warm 15-20° C	gemäßigt 10-18° C	kalt 9-14° C
Hoya, Wachsblume	□	□			□	
Hypocyrta, Kußmäulchen	□				□	
Hypoestes, Hypoestes		□		□		
Impatiens, Fleißiges Lieschen, Springkraut	□				□	
Kalanchoe, Kalanchoe	□				□	
Lantana, Wandelröschen	□					□
Maranta, Zehngebotpflanze		□	□		□	
Medinilla, Medinille		□		□		
Monstera, Fensterblatt			□	□		
Nerium, Oleander	□					□
Nolina, Nolina	□				□	
Pachypodium, Madagaskarpalme	□			□		
Palmen		□			□	
Passiflora, Passionsblume	□					□
Pelargonium, Pelargonie, Geranie	□					□
Peperomia, Zwergpfeffer		□	□		□	
Philodendron, Baumfreund		□		□		
Plumbago, Bleiwurz	□					□
Primula, Primel, Schlüsselblume		□	□		□	
Rhododendron, Azalee	□				□	
Saintpaulia, Usambaraveilchen		□			□	
Sansevieria, Bogenhanf		□			□	
Saxifraga, Steinbrech		□			□	
Schefflera, Strahlenaralie	□				□	
Scindapsus, Efeutute		□		□		
Senecio, Cinerarie		□				□
Sinningia, Gloxinie		□	□		□	
Sparmannia, Zimmerlinde	□					□
Spathiphyllum, Einblatt		□		□		
Stephanotis, Kranzschlinge		□			□	
Streptocarpus, Drehfrucht		□			□	
Sukkulenten	□					□
Tolmiea, Kindchen auf dem Schoß			□			□
Tradescantia, Dreimasterblume			□			□
Yucca, Palmlilie	□				□	

Kalt

Zu dieser Gruppe gehört eine Anzahl von Zimmerpflanzen, die man früher auf der nur sehr mäßig erwärmten Veranda oder in der Diele hielt. Aus einer gewissen Nostalgie heraus besteht heute wieder eine Nachfrage nach solchen Pflanzen und auch ein entsprechendes Angebot, doch seien wir uns darüber im klaren, daß die Pflanzen aus diesem Temperaturbereich von 9–14° C sich nur selten in unseren Wohnräumen zufriedenstellend entwickeln werden.

3.3 Gießen und Beschaffenheit des Wassers

»An zuviel Wasser gehen mehr Pflanzen ein als an zu wenig« ist eine allbekannte Tatsache; und obwohl eine Pflanze zu mehr als 90% aus Wasser besteht, kann man trotzdem des Guten zuviel tun.

Eine zu reichlich gegossene Pflanze erkennt man an den welk herabhängenden und vergilbenden Blättern sowie, in den meisten Fällen, an dem völlig abgestorbenen Wurzelwerk. Insgesamt entsteht der Eindruck, als sei die Pflanze vertrocknet; und das ist in der Tat auch der Fall. Denn durch das Zuviel an Wasser wird die Luft aus der Topferde verdrängt, die Wurzeln erhalten nicht genügend Sauerstoff, ersticken und sterben ab. Die Pflanze ist jetzt nicht mehr in der Lage, Wasser aufzunehmen, obwohl die Erde im Topf reichlich naß ist. In einem solchen Fall stirbt die Pflanze an indirektem bzw. sekundärem Wassermangel.

Wasserüberschuß ist die häufigste Todesursache bei allen Zimmerpflanzen. Die durch zu reichliches Gießen hervorgerufene Beeinträchtigung der Wurzeln schädigt die Pflanzen derart, daß sie leicht zahlreichen sogenannten Schwächeparasiten, hauptsächlich Pilzkrankheiten, zum Opfer fallen. Auch für die Topferde ist ständige Nässe von Übel, sie versauert.

Viele Pflanzenfreunde möchten daher gern wissen, wieviel Wasser die Pflanze denn nun tatsächlich benötigt. Die Antwort ist recht einfach: soviel wie sie verbraucht. Ein genaues Maß dafür läßt sich aber nicht angeben, dies hängt von zahlreichen Faktoren ab. Denken Sie nur an die Größe der Pflanze, an ihren Standort, an die Zimmertemperatur, die Jahreszeit usw. Wer richtig gießt, schafft ein günstiges Wasser:Luft-Verhältnis im Boden. Als Regel mag gelten, daß sich die Erde, wenn man mit dem Finger auf sie drückt, mäßig feucht anfühlen soll, obwohl es auch von dieser Regel manche Abweichungen gibt.

Eine Regel ohne Ausnahme gibt es bekanntlich nicht, die Ausnahmen betreffen in unserem Fall die Kakteen und Sukkulenten, die man eigentlich ständig mehr trocken als feucht halten sollte, sowie einige Zimmerpflanzen, wie Fleißiges Lieschen (*Impatiens*) und die Grünlilie (*Chlorophytum*), die offenbar nie genug Wasser kriegen können.

Auch das beliebte Kokospälmchen, (*Microcoelum weddelianum*) gehört zu den Zimmerpflanzen, die viel Feuchtigkeit verlangen und ständig Wasser im Untersatz lieben. Ballentrockenheit und zu trockene Luft dagegen führen – wie besonders auch bei der Kanarischen Dattelpalme (*Phoenix canariensis*) – zu braunen Blattspitzen und Kümmerwuchs.

Wer nicht ganz sicher ist, das richtige Maß zu finden, tut auf jeden Fall gut daran, vor dem Umpflanzen einige Topfscherben unten in den Topf zu legen. Dadurch entsteht im Topf eine Art Puffer, das heißt, das überschüssige Wasser kann durch das mit Scherben abgedeckte Loch leicht und sicher abfließen.

Manche Pflanzenfreunde lassen nach dem Gießen das überschüssige Wasser noch eine Zeitlang im Untersatz oder im Übertopf stehen, um es dann wegzuschütten. Eine etwas umständliche Methode, gegen die aber wenig einzuwenden ist, sofern man wegen anderer Arbeiten im Haushalt nicht vergißt, dies auch wirklich zu tun.

Manche Zimmerpflanzen gießt man am besten überhaupt nicht, sondern taucht sie regelmäßig in Wasser. Hierzu gehören, um nur einige zu nennen, Azaleen und Alpenveilchen, die man, sobald sie zu schlappen beginnen, so tief in einen Eimer mit handwarmem Wasser stellt, daß das Wasser gerade über dem Topfrand steht. Nach einer Viertelstunde nimmt man den Topf heraus, läßt ihn gut abtropfen und stellt ihn wieder an seinen Platz auf der Fensterbank.

Wem das richtige Gießen gar zu große Schwierigkeiten bereitet und die Pflanzen regelmäßig eingehen, sollte überlegen, ob er sich nicht mit der Hydrokultur vertraut macht. Man braucht dann nur den im Hydrokultur-Topf angebrachten Wasserstandsmesser zu beobachten und erst dann wieder Wasser nachzufüllen, wenn dieser einen bestimmten Tiefstand anzeigt.

Über die Beschaffenheit des Gießwassers brauchen wir uns keine Sorgen zu machen. Das für den menschlichen Genuß geeignete Leitungswasser ist auch für unsere Zimmerpflanzen gut zu verwenden; und es ist wirklich nicht notwendig, den Pflanzen entmineralisiertes Wasser oder, was sogar gelegentlich geschieht, Mineralwasser zu geben. Im übrigen ist Leitungswasser nicht gleich Leitungswasser, es kann hart oder weich sein, das heißt, viel oder wenig Kalk enthalten, und es können auch mehr oder weniger Nährsalze in ihm gelöst sein. Bis heute ist jedenfalls noch nicht erwiesen, daß Pflanzen durch Gießen mit Leitungswasser geschädigt werden oder zugrunde gehen.

Hartes Wasser mit hohem Kalkgehalt kann zwar auf die Dauer das Wachstum kalkfeindlicher Pflanzen beeinträchtigen, doch sind solche Pflanzen, z. B. *Rhododendron* und *Erica,* in den meisten Fällen schon abgeblüht, bevor die Alkalität des Bodens durch das kalkhaltige Wasser einen zu hohen, bedenklichen Grad erreicht. Bei der Kanarischen Dattelpalme, *(Phoenix canariensis)* verursacht zu hartes und zu kaltes Wasser – in gleicher Weise wie Ballen- und Lufttrockenheit – braune Blattspitzen. Außerdem hat hartes Wasser bekanntlich den Nachteil, daß es auf den Blättern verunzierende häßliche, weiße Blattflecke hinterläßt.

Ganz ideal ist nach Meinung vieler Pflanzenfreunde Regenwasser. Doch bedenken Sie, daß in Industriegebieten die Luft äußerst giftige Stoffe und Abgase enthält, die mit dem Regen auf das Dach und in die Regentonne gelangen. Besonders gefährlich ist der hohe Gehalt der Luft an Schwefeldioxyd, das, sobald es mit Wasser zusammenkommt, schweflige Säure bildet. Derartiges Wasser macht den Boden stark sauer und ist für Pflanzen völlig ungeeignet (saurer Regen).

Und zum Schluß noch dies: Nur wenig Pflanzenfreunde werden gern ein Bad in eiskaltem Wasser nehmen wollen. Seien wir darum auch nett zu unseren Pflanzen und traktieren wir sie nicht ständig mit einem Guß eisigen Wassers! Handwarmes Gießwasser ist eine der ersten Voraussetzungen für ihr gutes Gedeihen.

3.4 Luftfeuchtigkeit

Ein Nachteil fast aller Wohnräume ist der zu niedrige Feuchtigkeitsgehalt der Luft. Schadsymptome als Folge zu trockener Luft treten an unseren Pflanzen umso eher auf, je dünner ihre Blätter sind, wie z. B. bei einigen unserer Farngewächse. Dickblättrige Pflanzen und Sukkulenten sind gegen eine solche »Wüsten«-Atmosphäre in unseren Wohnräumen wesentlich widerstandsfähiger.

Der Schaden offenbart sich fast immer durch Verbräunen und Vertrocknen der Blattränder. Dieses Absterben des Gewebes, auch Nekrose genannt, setzt sich im weiteren Verlauf zum Mittelnerv hin fort. Das Auftreten am Blattrand erklärt sich aus der Tatsache, daß die Zellen dort nicht allseitig von anderen Gewebezellen umgeben und daher am empfindlichsten sind.

Auch das Nichtöffnen von Blütenknospen bzw. das Abwerfen von Blüten ist häufig die Folge zu trockener Zimmerluft. Außer den genannten Schäden schafft zu geringe Luftfeuchtigkeit günstige Voraussetzungen für den Befall durch Spinnmilben, Thrips (Blasenfüßer) und andere Schädlinge.

Es ist in erster Linie die Einführung der Zentralheizung, die allgemein zur Senkung der Luftfeuchtigkeit in unseren Wohnungen beigetragen hat. Aber auch der in vielen Häusern und Wohnungen verarbeitete sehr hygroskopische, das heißt, wasseranziehende Beton bzw. Zimmerputz ist mit schuld daran. Pflanzen gedeihen gut bei einer relativen Luftfeuchtigkeit von 70–80%, doch kommt man in vielen Wohnungen kaum auf über 30–40%. Wissen Sie übrigens, daß ein zu niedriger Feuchtigkeitsgehalt der Luft auch uns Menschen abträglich ist? Die häufigste Folge des ständigen Aufenthalts in trockener Luft ist eine trockene, rauhe Haut.

Die Erhöhung der Luftfeuchtigkeit kann man auf verschiedene Weise erreichen. Eine sehr gute, aber nicht billige Lösung ist die Aufstellung eines automatisch oder elektrisch arbeitenden Luftbefeuchtungsapparates, der auf eine bestimmte gewünschte Luftfeuchtigkeit eingestellt werden kann. Es gibt aber auch einfachere und weniger kostspielige Methoden, die Luftfeuchtigkeit zu erhöhen, von denen hier nur folgende genannt seien: das ständige Gefüllthalten der Wasserbehälter an den Heizkörpern, das Aufstellen von mit Wasser gefüllten Gefäßen auf die Heizplatte des Ofens sowie das Befeuchten der Blätter mit einem Sprühgerät, wenigstens einmal am Tage. Zu intensive Benetzung der Blätter beim Sprühen oder Gießen kann allerdings bei einigen Zimmerpflanzen, z. B. dem Usambaraveilchen *(Saintpaulia)* zu Fäulnis und Fleckenbildung führen.

Bei solchen anspruchsvolleren und schwieriger zu pflegenden Pflanzen kann man folgendermaßen verfahren: Man stellt eine Untertasse umgekehrt in einen tiefen Untersatz und stellt die Pflanze darauf; den Untersatz füllt man bis dicht unter den Boden des Blumentopfes mit Wasser. Auf diese Weise schafft man um die Pflanze herum ein Kleinklima mit einem etwas höheren Luftfeuchtigkeitsgehalt als in der umgebenden Zimmerluft. Wer es ganz gut machen will, besorgt sich vom Gärtner Torf- oder *Sphagnum*-Moos, füllt dieses in den Untersatz und hält es ständig naß.

Es gibt heute auch entsprechende Plastikschalen, die zwar schöner sind, aber auch teurer als das geschilderte Verfahren mit dem Untersatz, deren Wirkung jedoch auf dem gleichen Prinzip beruht.

Vorbeugung

3.5 Sauerstoff

Pflanzen geben bei der Assimilation Sauerstoff ab, brauchen ihn aber auch, ebenso wie wir Menschen, zum Atmen. Im Sommer ist die Sauerstoffversorgung der Zimmerpflanzen kein Problem, weil gewöhnlich ein oder mehrere Fenster geöffnet sind. Im Winter jedoch kann es problematisch werden, da der Gehalt an Sauerstoff, besonders in den heute gut isolierten Häusern und Wohnungen, stark abfallen kann. Normalerweise enthält die uns umgebende Luft 20,9% Sauerstoff, doch ist in schlecht gelüfteten Räumen dieser Gehalt deutlich geringer.

Menschen bekommen in solchen Fällen Kopfschmerzen, eine Pflanze kann sich aber nicht äußern. Sauerstoffmangel verursacht auch keine typischen Schadsymptome, doch dürfen wir mit Sicherheit annehmen, daß der allgemeine Gesundheitszustand auch bei Pflanzen darunter leidet.

Noch schlimmer ist es für die Pflanzen, wenn im Wohnzimmer viel geraucht wird. Außer einer Verminderung des Sauerstoffgehaltes erfolgt bei der Verbrennung von Tabak eine Anreicherung der Luft mit Äthylen, einem für Pflanzen außerordentlich giftigen Gas. Die Zimmerluft kann aber auch noch durch andere pflanzenschädliche Gase und Dämpfe verunreinigt werden. Man denke etwa an die beim Anstreichen oder auch Tapezieren freiwerdenden Dämpfe, wobei besonders das in den Farben enthaltene Terpentin schädlich ist. Besonders gefährlich wird es, wenn zum Verstreichen von Gehölzveredlungen Mittel auf der Basis von Pentachlorphenol gebraucht werden. Man möge bedenken, daß etwas höhere Konzentrationen dieses Wirkstoffes zur Herstellung pflanzenvernichtender Unkrautbekämpfungsmittel verwendet wer-

den. Allerdings warnen die Fabrikanten dieser Präparate in der Gebrauchsanweisung meistens vor der schädlichen Wirkung des Mittels auf Pflanzen. »Nach Behandlung die Pflanzen einige Wochen nicht im geschlossenen Raum halten« heißt es dann. Die Erfahrung zeigt jedoch, daß dieser Zeitraum von einigen Wochen fast immer viel zu kurz bemessen ist.

Schließlich kann man durch einen einfachen Test feststellen, ob die Zimmerluft pflanzenschädliche Stoffe enthält, indem man einige weiße Nelken in einer Vase in den Raum stellt. Wenn diese innerhalb von 24 Stunden schrumpfen (wobei die Blütenblätter sich nach innen krümmen), besteht für Pflanzen Gefahr, und man sollte einen Sachverständigen (z. B. vom zuständigen Gaswerk) zu Rate ziehen.

3.6 Kohlensäure

Dieses für die Assimilation der Pflanzen unentbehrliche Gas kommt in nur sehr geringen Mengen in der uns umgebenden Luft vor. Nur 0,03% beträgt der Kohlensäuregehalt der Luft, doch reicht dies offenbar für die Bedürfnisse der Pflanze aus. Auch wird die Luft immer wieder damit angereichert, wenn wir fossile Brennstoffe wie Kohle oder Öl verbrennen. Und schließlich atmen alle Lebewesen, einschließlich der Pflanzen, Sauerstoff ein und Kohlensäure aus.

Im allgemeinen haben die Pflanzen keine Probleme bei der Aufnahme von Kohlensäure. Diese wird für Zwecke der Assimilation allerdings nur tagsüber aufgenommen, weil nachts die Spaltöffnungen geschlossen sind. In Gärtnereien, in denen es in der Regel auf eine schnelle Entwicklung der Pflanzen ankommt, wird bei einigen Unter-

20

glaskulturen eine zusätzliche Kohlensäure-»Düngung« vorgenommen. Der Pflanzenliebhaber jedoch, der sich möglichst lange an seinen Pflanzen erfreuen will und an einem raschen Wachstum gar nicht interessiert ist, wird gern auf die Möglichkeit der Kohlensäureanreicherung der Luft verzichten.

3.7 Topferde

Früher wurde die Topferde von den Gärtnern – oft nach Geheimrezept – selbst zusammengestellt, und es wurden dazu die einzelnen Bestandteile mit peinlicher Genauigkeit abgemessen, um sicherzustellen, daß es der Pflanze an nichts mangelt und sie eine möglichst lange Zeit von den in der Erdmischung befindlichen Nährstoffen zehren kann.

Heute besteht unsere Topferde fast ausschließlich aus Torf mit Zusätzen von Ton oder Lehm und etwas Kalk. Torf wird in Hochmooren gewonnen und enthält so gut wie keine Nährstoffe. Diese werden vom Hersteller dieser »Einheitserde« oder »Standarderde« in Form von mineralischem Dünger zugesetzt. Man bringt aber auch Nährstoffe in die Erde durch die mehr oder weniger regelmäßige Düngung der Zimmerpflanzen. So gesehen, kann man die heute übliche Topferde kaum noch als »Boden« bezeichnen, sie hat eigentlich – ganz einfach ausgedrückt – nur noch dafür zu sorgen, daß die Pflanze nicht umfällt, und daß die Wurzeln vor dem Austrocknen bewahrt werden.

Eine gute Erdmischung enthält etwa 50% feste Bestandteile, 25% Wasser und 25% Luftzwischenräume. In einer solchen Erde vertrocknet oder »ertrinkt« keine Pflanze, und sie enthält auch genügend Sauerstoff für die Atmung der Wurzeln. Es besteht kein Zweifel, daß dieser ideale Zustand nur selten anzutreffen ist, doch sollten wir uns stets bemühen, ihn zu erreichen. Jedes Mal, wenn wir gießen, erhöht sich der prozentuale Wasseranteil und nimmt der Luftanteil entsprechend ab. Warten wir zu lange mit dem Gießen, tritt das umgekehrte Verhältnis ein.

Wenn solche krassen Schwankungen nur gelegentlich auftreten, beeinträchtigen sie das Gedeihen der Pflanze nicht. Auch in der freien Natur kommen sie immer wieder vor. Schlimmer ist es für die Pflanze, wenn die Topferde über einen längeren Zeitraum hinweg mehr Wasser als Luft oder mehr Luft als Wasser enthält. Im ersteren Fall ersticken die Wurzeln an Sauerstoffmangel und sterben ab, im zweiten Fall entstehen Trockenschäden. Außerdem bildet sich auf ständig nassem Boden häufig ein grüner Belag von Moosen und Algen.

Im übrigen erstickt eine Pflanze eher, als daß sie vertrocknet. Das heute verwendete Torfsubstrat kann dem Pflanzenfreund in dieser Hinsicht schon einmal Überraschungen bereiten. Feiner Torfmull kann nämlich bis zum Zehnfachen seines Eigengewichtes Wasser aufnehmen und festhalten. Wenn man nun soviel gießt, daß das Wasser im Untersatz oder unten im Übertopf steht, kann das Wasser : Luft-Verhältnis derart gestört sein, daß die Wurzeln bedenklich in Not geraten.

Bei Verwendung von Torfsubstrat kann es aber auch vorkommen, daß die Topferde an der Oberfläche feucht, darunter aber so ausgetrocknet ist, daß sie kein Wasser mehr annimmt. Man spricht in diesem Falle von einem irreversiblen, das heißt, nicht mehr umkehrbaren Zustand der Topferde. Das

Gießwasser läuft seitlich zwischen Erdballen und Topfwand durch den Topf in den Untersatz. Grund genug für den Pflanzenfreund, anzunehmen, daß, mit Blick auf die feuchte Erdoberfläche und das Wasser im Untersatz, die Pflanze genügend Wasser erhalten hat. Aber weit gefehlt, die Pflanze steht kurz vor dem Vertrocknen. In einem solchen Falle muß man versuchen, durch längeres Tauchen des Erdballens in handwarmes Wasser das Wasseraufnahmevermögen der Topferde wiederherzustellen.

3.8 Ernährung der Pflanzen

Pflanzen haben, dies sei zu Beginn dieses Abschnittes festgestellt, einen gesunden Hunger; wir müssen also dafür sorgen, daß sie regelmäßig »Futter« erhalten, wobei jedoch zu bemerken ist, daß Überfütterung bzw. Überdüngung für Pflanzen weniger schädlich ist als für uns Menschen. Pflanzen beziehen ihre Nahrung aus dem Boden und aus der Luft. Da der Pflanzenfreund normalerweise die Zusammensetzung der Zimmerluft und deren Gehalt an Kohlensäure und Sauerstoff kaum zu beeinflussen vermag, beschränken wir uns im folgenden auf die Nährstoffe, die die Pflanze aus dem Boden aufnimmt.

Diese Nährstoffe kann man einteilen in solche, die die Pflanze in größeren Mengen braucht, die Hauptnährstoffe, und in solche, die nur in geringen Mengen benötigt werden, die Spurenelemente. Von diesen letzteren braucht die Pflanze zwar, wie es schon ihr Name sagt, nur sehr wenig, sie dürfen aber im täglichen Menü nicht fehlen. Ist dies der Fall – und das gilt gleichermaßen für die Hauptnährstoffe –, dann treten an den Pflanzen für das jeweils fehlende Element typische Krankheitssymptome auf; wir sprechen von Ernährungs- oder Mangelkrankheiten.

Die Hauptnährstoffe sind Stickstoff (N), Phosphorsäure (P) und Kali (K); die Buchstaben N, P und K wird wohl jeder schon auf der Zimmerpflanzendünger-Packung gelesen haben. Auch Kalk (Ca) und Magnesium (Mg) rechnet man zu den Hauptnährstoffen, auch wenn der Gehalt des Düngers an diesen Elementen nicht immer auf der Packung angegeben ist.

Zu den Spurenelementen zählt man Eisen (Fe), Mangan (Mn), Kupfer (Cu), Zink (Zn), Bor (B) und Molybdän (Mo).

Der prozentuale Gehalt der Düngemittel an den Hauptnährstoffen wird üblicherweise in der Reihenfolge N P K in Zahlen angegeben, z. B. N : P : K = 12 : 10 : 18.

Der Nährstoffbedarf einer Pflanze ist durchaus nicht immer gleich. Ihr Entwicklungsstadium, die Jahreszeit und andere Faktoren entscheiden darüber, in welchem Mengenverhältnis die einzelnen Nährstoffe benötigt werden. Jüngere Pflanzen z. B. brauchen verhältnismäßig viel Stickstoff, ältere dagegen, besonders solche im Blühstadium, haben einen hohen Bedarf an Phosphorsäure und Kali.

Da vorübergehend nicht benötigte Nährstoffe eine gewisse Zeit in der Topferde festgehalten werden, ist es für eine gute Versorgung der Zimmerpflanzen nicht notwendig, ständig mit dem Dünger zu wechseln. Man kann ohne Bedenken jedes Mal den gleichen Dünger verwenden, die Pflanze bestimmt selbst, welchen Nährstoff sie zu einer bestimmten Zeit am nötigsten braucht und aufnimmt.

Die meisten käuflichen Zimmerpflanzendünger enthalten nur wenig oder gar keine Spurenelemente. Oft sind diese aber schon vom Topferde-Fabrikanten in das Erdsubstrat hineingearbeitet worden und somit für die Pflanzen lange Zeit verfügbar. Sehr kleine Mengen an Spurenelementen kommen von Natur aus auch im Torf vor. Bei älteren Pflanzen und solchen, die einen hohen Bedarf an bestimmten Spurenelementen haben, können im Laufe der Zeit allerdings Mangelschäden auftreten.

Außer dem Mangel an bestimmten Elementen kann es auch zu einem Nährstoffüberschuß kommen, wenn man die Düngermengen nicht sorgfältig genug mit den Bedürfnissen der Pflanzen abstimmt. Viele Pflanzennährstoffe werden in Form von Salzen verabreicht, auch sollen leider manche Mineraldünger als Ballaststoff sogar das für Pflanzen giftige Kochsalz enthalten. Ein Zuviel an Mineralsalzen verursacht bei Pflanzen zwar keine »Verdauungsstörungen«, führt aber zu einer überhöhten Salzkonzentration in der Topferde. Ein feuchter Topfballen kann mehr Salz aufnehmen als ein trockener. Das bedeutet, daß eine gerade noch vertretbare Salzkonzentration in einem mäßig feuchten Topfballen schädlich werden kann, sobald dieser trockener wird.

Wenn auch unsere Zimmerpflanzen auf eine zu hohe Salzkonzentration unterschiedlich reagieren und die eine Art etwas mehr vertragen kann als die andere, sollten wir doch stets daran denken, daß zu viel Salz im Boden auf die Dauer immer schadet und Pflanze und Topferde krank macht. An jüngeren Wurzeln sterben dann die zarten Spitzen ab, und auf der Oberfläche des Erdballens sieht man häufig einen weißen, etwas körnigen Belag, auskristallisiertes Salz. Ein für zu hohe Salzkonzentration in der Topferde charakteristisches Schadbild sind die nach oben gekrümmten Blattränder einiger

Pflanzen. In bezug auf die Ausbildung dieses Symptoms kann man die Zimmerpflanzen in folgende drei Kategorien einteilen:
- sehr salzempfindlich
- mäßig salzempfindlich
- wenig salzempfindlich

Zu den sehr salzempfindlichen Pflanzen rechnen wir Farne, *Erica*, Azaleen, Flamingoblume *(Anthurium scherzerianum)*, *Vriesea*, Orchideen, Primeln *(Primula)*, Gardenien *(Gardenia)*, Kamelien *(Camellia)* und Zierspargel *(Asparagus setaceus,* früher *Asparagus plumosus).*

Mäßig empfindlich sind Lanzenrosette *(Aechmea)*, Flamingoblume *(Anthurium andraeanum)*, Glanzkölbchen *(Aphelandra)*, Alpenveilchen *(Cyclamen)* und Gloxinien *(Sinningia)*.

Wenig salzempfindlich sind *Pelargonium*, *Euphorbia*, Hortensien *(Hydrangea)*, Usambaraveilchen *(Saintpaulia)*, Topfchrysanthemen und Zierspargel *(Asparagus densiflorus,* früher *Asparagus sprengeri).*

3.9 Der pH-Wert

Eine wichtige Eigenschaft der Blumenerde bzw. des Bodens, die wir unbedingt beachten müssen, ist der pH-Wert oder Säuregrad. Ein Boden kann sauer, neutral oder basisch sein, und die verschiedenen Zimmerpflanzen verlangen auch verschiedene Säuregrade. Diese werden durch Zahlen ausgedrückt: pH 7 bedeutet neutral, pH 6 und weniger schwach sauer bis stark sauer und pH über 7 basisch oder alkalisch.

Manche Gewächse gedeihen am besten in einem sauren Substrat mit niedrigem pH-Wert, wie z. B. Azaleen, Eriken und Hortensien. Andere dagegen verlangen einen hohen pH-Wert, doch erfreulicherweise ist

Vorbeugung

die große Mehrheit unserer Zimmer- und Kulturpflanzen mit einem Boden im schwach sauren Bereich, pH 5,5–6,5, zufrieden.

Nun hat jeder Boden seinen typischen pH-Wert, und da heutzutage fast jede Blumenerde im wesentlichen aus saurem, kalkarmem Torf besteht, verfügt der Gärtner praktisch nur über Topferden mit niedrigem pH. Dieser läßt sich jedoch durch Zusatz von Kalk erhöhen.

Kalk ist wasserlöslich und wird daher langsam, aber sicher ausgespült; man sagt dann, der Boden versauert. Da das Aufkalken eines Topfballens nicht einfach ist, sei geraten, Pflanzen, die schon längere Zeit in der gleichen Topferde stehen, im Frühjahr in frische geeignete Erde zu verpflanzen.

4 Bestimmungstabellen

Wenn ein Arzt einen Patienten untersucht, muß er sich zur Bestimmung der Krankheit einiger Hilfsmittel bedienen. Wer bei unseren kranken Pflanzen den Erreger finden will, muß dies ebenfalls tun. Diese Hilfsmittel sind unsere Augen, unsere Hände und eine gewöhnliche Lupe bzw. ein einfaches Vergrößerungsglas. Die Lupe brauchen wir zur Stärkung unserer Sehkraft, um Schädlinge zu erkennen, die oft kleiner als 1 mm sind. Unsere Hände brauchen wir, um die Blätter zu wenden, weil viele Parasiten sich häufig auf der Blattunterseite ansiedeln. Die Hände brauchen wir auch, wenn wir die Pflanze austopfen wollen, um die Wurzeln näher zu untersuchen. Hierzu spreizt man eine Hand über die Topferde, so daß sich die Pflanze zwischen Zeige- und Mittelfinger befindet. Dann klopft man mit dem Rand des nach unten gerichteten Topfes vorsichtig auf die Kante eines Tisches, bis der Wurzelballen sich löst.

In der Tabelle wird zunächst der Pflanzenteil aufgesucht, an dem die Krankheit oder der Schädling festgestellt wurde. Wenn Ihre Diagnose stimmt, finden Sie über einen Hinweis auf das diesbezügliche Kapitel dort eine nähere Beschreibung des Erregers sowie Angaben über die zu ergreifenden Bekämpfungsmaßnahmen.

Bestimmungstabelle für Krankheiten und Schädlinge

Blätter	Wahrscheinliche Ursache	Nähere Information in Kapitel
1 Braunfärbung der Blattränder	Zu trockene Luft	3.4
2 Blattfall nach anfangs gutem Wuchs	Physiologisch	5.1
3 Blätter gelbgrün, die untersten Blätter sterben ab, die Pflanze bleibt klein	Stickstoffmangel	5.2
4 Blätter dunkelgrün, später bläulich-violett, schwacher Wuchs	Phosphorsäuremangel	5.2
5 Blattränder und -spitzen abgestorben, später eingerollt	Kalimangel	5.2
6 Chlorose (gelbweiße Verfärbung) zwischen den Blattadern, oder Blattrand abgestorben	Magnesiummangel	5.2
7 Vergilben und Absterben der Blätter, nur die Blattadern, auch die feinsten, bleiben grün. Vegetationspunkte bleiben am längsten am Leben	Eisenmangel	5.2

Bestimmungstabellen

Blätter	Wahrscheinliche Ursache	Nähere Information in Kapitel
8 Kleine, etwas fettige, warzenartige Knoten, besonders auf der Blattunterseite	Gewebewucherungen (Intumeszenzen)	5.3
9 Sehr viele gelbe bis rotbraune Flecke, oft mit hellem Rand	Zu dunkler und zu warmer Standort	5.3
10 Vergilben und Vertrocknen der Blätter bzw. völlige Chlorose	Allgemeine, totale Schwächung	5.4
11 Tropfen an Blattspitzen und am Blattrand	Guttation	5.5
12 Scharf abgegrenzte gelbgrüne, weißgrüne und normal gefärbte Blattpartien	Genetisch bunt (Mutationen, Chimären)	5.6
13 Braune, hochstehende korkartige Flecke oder verkorkte Partien	Korkwucherungen	5.7
14 Weiße Kügelchen auf der Blattunterseite von z. B. Klimme *(Cissus)*, Doldenrebe *(Ampelopsis)*, Kapland-Klimme *(Rhoicissus)*	Physiologisch	5.8
15 Leuchtendgelbe bis weiße, scharf abgetrennte, unregelmäßig gewundene, längliche Blattzeichnung, z. B. bei Usambaraveilchen *(Saintpaulia)* und anderen Gesneriaceae	Kaltes Wasser	5.9
16 Scharf begrenzte, etwas eingesunkene, unregelmäßig geformte, weiß eingetrocknete Flecke	Sonnenbrand	5.10
17 Anfangs gelbe, später bis braunschwarz sich verfärbende Sektoren zwischen den Blattnerven	Blattälchen	6.1.1
18 Löcher in den Blättern, die unteren Blatteile abgefressen, Schleimspuren	Schnecken	6.4

Blätter	Wahrscheinliche Ursache	Nähere Information in Kapitel
19 Wie 18, aber keine Schleimspuren	Kellerasseln	6.5
20 Silbrige, später graubraune Flecke auf den Blättern, an den Triebspitzen feine Spinnfäden	Spinnmilben	6.7.1
21 Mißgeformte, mehr oder weniger gekräuselte, nur teilweise entwickelte Blätter	Cyclamenmilben Begonienmilben	6.7.3 6.7.4
22 An jungen Blättern Fraßschäden mit fein zerfasertem Rand	Ohrwürmer	6.8
23 Gelbgrüne bis weißlich-graue (silbrige) Blattflecke, die eintrocknen	Thrips	6.12
24 Unregelmäßige Fraßstellen an den Blatträndern	Raupen	6.13
25 Silbrig schimmernde, gewundene Gänge dicht unter der Blattoberfläche	Minierfliegen	6.15
26 Halbmondförmige Fraßstellen am Blattrand	Gefurchter Dickmaulrüßler	6.16
27 2–3 mm lange, träge, grünliche Insekten	Blattläuse	6.18
28 Weiße, Wattepfröpfchen ähnliche Gebilde auf den Blättern	Wolläuse	6.19
29 Braune Deckelchen bzw. Schilder, die man mit einer Nadel abheben kann	Schildläuse	6.19
30 Blattunterseits schneeweiße, fein mehlig bepuderte, etwa 2 mm lange Insekten	Weiße Fliege	6.21
31 Zahlreiche, unregelmäßig geformte Löcher mit braunem Rand, starke Mißbildung der Blattnerven	Wanzen	6.22

Bestimmungstabellen

Blätter	Wahrscheinliche Ursache	Nähere Information in Kapitel
32 Feine, weiße Blattflecke	Zikaden	6.23
33 Welken, Vergilben und vorzeitiges Absterben	Stengelbasisfäule	7.2
34 Abgestorbene Blätter, bedeckt mit einem graubraunen, stäubenden Pilzbelag	Grauschimmel	7.3
35 Weiße puderartige Flecke, die später braun werden	Echte Mehltaupilze	7.4
36 Schmutzigweiße, orangefarbene rost- oder dunkelbraune Sporenhäufchen, die gleichsam die Oberhaut durchbrechen	Rostpilze	7.5
37 Faule Stellen mit zahlreichen senfkornartigen, weißen Fruchtkörpern, die später braun werden	*Sclerotium*	7.6
38 Mehr oder weniger große Flecke auf den Blättern von unterschiedlicher Form und Farbe	Blattfleckenkrankheiten	7.7
39 Vor allem an warmen Tagen plötzliches »Schlappen« der Pflanze	Welkekrankheiten	7.8
40 *Achimenes*, Schiefteller: Bizarre Wellenlinien und aus mehreren Kreisen bestehende Ringflecke	Viruskrankheiten	9
41 *Anthurium*, Flamingoblume: Gelbe Adern und orangefarbene Blattflecke	Viruskrankheiten	9
42 *Anthurium*: Leicht erhöhte, scharf begrenzte hell- bis graugrüne Flecke	Blattpocken	5.11
43 *Anthurium*: Kleine helle Flecke mit brauner Mitte	Blattfleckenkrankheit	7.9

Bestimmungstabellen

Blätter	Wahrscheinliche Ursache	Nähere Information in Kapitel
44 Azaleen: Blätter verbräunen, vertrocknen und fallen ab; auf der Unterseite gewundene Gangminen	Azaleenmotte	6.24
45 Azaleen: Junge Blätter hellgrün und fleischig verdickt, später kalkig-weiß	Ohrläppchenkrankheit	7.10
46 Azaleen: Blätter verfärben sich von gelb über braun bis schwarz	Stammfäule, Fußkrankheit	7.11
47 *Begonia*, Begonie: Runde, bei durchfallendem Licht ölig erscheinende Flecke	Bakterienkrankheit	8.1
48 *Begonia:* Feine, gelbgrüne Muster und Linien, ähnlich einem Fingerabdruck	Virose	9
49 Kakteen: Gelbe Flecke, Ringmuster und Linien	Virose	9
50 *Campanula*, Glockenblume: Anfangs runde, wässerige Flecke, die sich rasch grauweiß bis schwarz verfärben	*Ascochyta*-Blattfleckenkrankheit	7.13
51 *Campanula:* Gelbe Tüpfel, Ringe oder Zickzacklinien	Virose	9
52 *Cissus*, Klimme: Eckige Flecke, an einer Seite an Blattnerven angrenzend	Physiologisch	5.12
53 *Cyclamen*, Alpenveilchen: Blätter vergilben und welken	Wurzelfäule	7.16
54 *Cyclamen:* Kleine und größere graubraune bis braune, scharf begrenzte Flecke	Physiologisch	5.12

29

Bestimmungstabellen

Blätter	Wahrscheinliche Ursache	Nähere Information in Kapitel
55 *Dieffenbachia:* Schmutzigbraune Blattzeichnung, Bräunung der Nerven	Virose	9
56 *Ficus*-Arten, Gummibaum: Gelbe Flecke auf der Oberseite der Blätter	Physiologisch	5.13
57 *Hedera,* Efeu: Durchsichtige, grellgelb umrandete Fettflecke	Bakterienkrankheit	8.2
58 *Hippeastrum,* Ritterstern: Hellgrüne Mosaikzeichnung oder große, gelbe, ineinander laufende Ringe oder Linien	Virose	9
59 *Hydrangea,* Hortensie: Ringförmige Aufwölbungen an den älteren Blättern	Virose	9
60 *Nerium,* Oleander: Anfangs kleine hellgrüne, wässerige Flecke, später braune, warzenartige Schwellungen	Bakterienkrankheit	8.5
61 Orchideen: Gelbe Flecke auf der Blattoberseite	Schildläuse	6.19
62 Orchideen: Weiche, naßfaule Stellen, die später braun oder schwarz werden	Bakterienkrankheit	8.4
63 Orchideen: Unregelmäßig geformte, gelbgrüne, durchscheinende, sich später braun bis schwarz verfärbende Flecke	Physiologisch	5.14
64 Orchideen: Eingesunkene chlorotische oder längliche, gelbgrüne Flecke	Virose	9
65 *Pachypodium:* Gummiausscheidungen an den jüngsten Blättern und braune Flecke zwischen den Blattadern	Physiologisch	5.17

Blätter	Wahrscheinliche Ursache	Nähere Information in Kapitel
66 *Pelargonium*, Pelargonie, Geranie: Ölig durchscheinende Flecke mit rötlicher oder graubrauner Mitte	Bakterienkrankheit	8.3
67 *Pelargonium:* Kleine gelbgrüne bis gelbe Flecke oder Punkte, oder Verschwimmen der dunklen Blattzone	Virose	9
68 *Peperomia*, Zwergpfeffer: Blätter fahl, graubraun verfärbt, die Blattadern braun	Physiologisch	5.16
69 *Phoenix*, Dattelpalme: Harte, schwarze Pusteln, die gelben Staub entlassen	Brandpilz	7.17
70 Topfchrysanthemen: Unterschiedlich große, schwarze, oft gelb umrandete Blattflecke	Blattfleckenkrankheit	7.14
71 *Primula*, Primel: Holperige Blattoberfläche mit braunen Flecken	Virose	9
72 *Primula:* Eckige, bleich-ockergelbe Flecke, stets von einem gelben Rand umgeben	Blattfleckenkrankheit	7.18
73 *Senecio*, Kreuzkraut: Braune oder schwarze, mehr oder weniger eckige Flecke	Blattfleckenkrankheit	7.15
74 Farne: Feine braune und schwarze Streifen, später allgemeine Verbräunung	Physiologisch	5.15

Bestimmungstabellen

Blüten	Wahrscheinliche Ursache	Nähere Information in Kapitel
1 Bleiben stecken oder fallen vorzeitig ab	Physiologisch	5.1
2 Mißbildungen, Kräuseln der Blütenblätter oder/und korkartige Streifen	Cyclamenmilbe	6.7.3
3 Ganz oder teilweise abgefressene oder beschädigte Blüten	Ohrwürmer	6.9
4 Weiße, wie mit Puder bestäubte Flecke, die später braun werden	Mehltau	7.4
5 Verfall der Blüten, wobei die Farben ineinanderlaufen	Virose	9

Bestimmungstabellen

Die ganze Pflanze	Wahrscheinliche Ursache	Nähere Information in Kapitel
1 Ziemlich plötzliches Verbräunen und Absterben; oft rotbraunes Aussehen	Rote Gewächshausspinnmilbe	6.7.2
2 Fraßschäden an verschiedenen Pflanzenteilen, hauptsächlich im Gewächshaus	Schaben	6.10
3 Fraßschäden an saftigen und weichen Pflanzenteilen, vor allem im Gewächshaus	Gewächshausheuschrecke	6.11
4 Ziemlich plötzliches Absterben	Gefurchter Dickmaulrüßler	6.16
5 Verwelken und Absterben, hauptsächlich an warmen Tagen	Wurzelfäule	7.1
6 Azaleen: Die Blätter verlieren ihre frische grüne Farbe	Stammgrund- oder Wurzelhalsfäule	7.11
7 Kakteen: An der Grenze Luft/Boden dunkle, etwas glasige Flecke, die sich schnell ausbreiten	Naßfäule	7.12
8 *Cyclamen*, Alpenveilchen: Vergilben und Welken der älteren Blätter	Wurzel- und Knollenfäule	7.16
9 *Dieffenbachia:* Wuchshemmung; Spitze treibt nicht mehr aus	Virose	9

Bestimmungstabellen

Stengel, Stiele	Wahrscheinliche Ursache	Nähere Information in Kapitel
1 Warzenähnliche, weiße Pfröpfchen	Wolläuse	6.19
2 Braune Deckelchen bzw. Schilder, die man mit einer Nadel abheben kann	Schildläuse	6.19
3 An der Grenze Luft/Boden dunkelbraune bis schwarze Verfärbung und Faulstellen	Stengelgrundfäule oder Fußkrankheiten	7.2
4 Graubrauner, stäubender Pilzbelag auf abgestorbenen Pflanzenteilen	Grauschimmel	7.3
5 Blumenkohlartige Sproßanhäufungen an der Stengelbasis	Bakterienkrankheit	8.7
6 Glasig werden und Erschlaffen	Bakterienkrankheit	8.8
7 Begonien: Dunkel- bis Schwarzverfärbung, Welken und Umknicken	Bakterienkrankheit	8.1
8 *Hedera*, Efeu: Mehrere Zentimeter lange, braune bis schware Flecke	Bakterienkrankheit	8.2
9 *Nerium*, Oleander: Dunkelbraune, warzenartige Anschwellungen	Bakterienkrankheit	8.5
10 *Pelargonium*, Pelargonie, Geranie: Schwarze Flecke, aus denen eitriger Schleim austritt	Bakterienkrankheit	8.3

Bestimmungstabellen

Wurzeln	Wahrscheinliche Ursache	Nähere Information in Kapitel
1 Weiß, kräftig, sehr lang und wenig verzweigt	Stickstoffmangel	5.2
2 Rötlichbraun, schwach, daher loser Topfballen	Phosphorsäuremangel	5.2
3 Gelblich, schleimig, lang und wenig verzweigt	Kalimangel	5.2
4 Weißlich bis hellbraun, kurz, Spitzen schleimig	Magnesiummangel	5.2
5 Braun, kurz, mit vielen kurzen Seitenwurzeln	Eisenmangel	5.2
6 Spindelförmige Verdickungen, viele Faulstellen an den Wurzeln	Wurzelgallenälchen	6.1.2
7 Gelbbraune Knötchen hängen fest an den Wurzeln	Cystenbildende Wurzelälchen	6.1.3
8 Anfangs rotbraune Streifen auf den hellen Wurzelpartien, später allgemeine Verbräunung und Fäulnis	Wandernde Wurzelälchen	6.1.4
9 Braun und faul, die äußeren Zellschichten können wie ein Futteral abgezogen werden	Wurzelfäule	7.1
10 Dunkelbraune, warzenartige Auswüchse	Bakterienkrankheit	8.6

Bestimmungstabellen

Topferde	Wahrscheinliche Ursache	Nähere Information in Kapitel
1 Rosa, rote oder braune, gegliederte Würmer	Regenwürmer	6.2
2 Weiße, glänzende Würmchen, etwa 0,5–3 cm lang	Enchytraeen	6.3
3 Schleimspuren auf der Topferde	Schnecken	6.4
4 Bis 20 mm lange, graue, zu den Krebstieren gehörende Schädlinge mit 7 Beinpaaren	Kellerasseln	6.5
5 Gegliederte, lange Insekten mit ein oder zwei Paar Beinen an jedem Glied und einem deutlichen Kopf	Tausendfüßler und Zwergfüßler	6.6
6 Auf der Topferde zahlreiche bewegliche, flügellose, 1–2 mm große Insekten	Springschwänze	6.8
7 Sehr viele kleine, schwarze Fliegen auf und über der Topferde	Humusfliegen Moosfliegen	6.14
8 Bis 15 mm lange, dicke, gelbweiße, fußlose Larven mit hellbraunem Kopf	Gefurchter Dickmaulrüßler	6.16
9 Schwarze, sich tot stellende Käfer auf der Topferde	Gefurchter Dickmaulrüßler	6.16
10 Außen am Wurzelballen weißviolette Pfröpfchen und zahlreiche, Pilzhyphen ähnliche, weiße Wachsfäden	Wurzelläuse	6.20
11 Weißer Belag auf der Topferde	Zu hoher Salzgehalt	3.8
12 Grüner Belag auf der Topferde	Moose und Algen	3.7

Bestimmungstabellen

Fensterbank	Wahrscheinliche Ursache	Nähere Information in Kapitel
1 Schwarze Körnchen (neben Fraßschäden an den Blättern)	Raupenkot	6.13
2 2–3 mm lange, schwarze Fliegen, auf der Fensterbank sitzend	Humusfliegen Moosfliegen	6.14
3 Klebriger Belag	Blattläuse, Schildläuse	6.18 6.19

5 Physiologische Krankheiten

Die Physiologie ist die Lehre von den Lebensvorgängen. Diese sind, sowohl bei Pflanzen als auch bei Tieren und Menschen, höchst kompliziert, und zahlreiche chemische Prozesse laufen dabei ab. Bei derart vielfältig verflochtenen und ineinandergreifenden Vorgängen kann es durch von außen wirkende Faktoren leicht zu Störungen kommen. Trotz bester Pflege können die Pflanzen Symptome von Schäden zeigen, die nicht durch pilzliche oder tierische Parasiten oder durch Viren hervorgerufen werden, die aber doch oft zum Kränkeln der Pflanze und zum vorzeitigen Absterben führen.

Es handelt sich um sogenannte physiologische Krankheiten, deren Symptome außerordentlich zahlreich und mannigfaltig sein können; das kümmerliche, welke Aussehen einer Pflanze, die nur selten oder gar nicht zur Blüte kommt, ist nur ein Beispiel für viele.

Mit einigem Erstaunen bemerkt man zuweilen, daß ein und dieselbe Pflanze bei Nachbarn mit den gleichen gärtnerischen Vorkenntnissen sich höchst unterschiedlich entwickelt. Vermutlich erfährt die Pflanze an der einen Stelle eine bessere, besonders angepaßte und liebevolle Pflege und reagiert darauf mit dem gewünschten guten Gedeihen, während sie im Nachbarhause bei schlechter Betreuung kümmert. Da physiologische Krankheiten nicht an die Anwesenheit eines pflanzlichen oder tierischen Schädlings gebunden sind, es sich also um unbelebte Krankheitsursachen handelt, ist auch die unmittelbare Bekämpfung eines Erregers nicht möglich. Physiologische Krankheiten sind ihrer Natur nach nicht ansteckend, doch können sich die Einflüsse, durch die sie entstehen, natürlich gleichzeitig auf mehrere Pflanzen auswirken.

Die einzige Möglichkeit, dem Entstehen physiologischer Krankheiten zuvorzukommen, sind gute Kultur- und Pflegemaßnahmen; daraus folgt, daß die in Kapitel 3 ›Vorbeugung‹ gemachten Angaben äußerst wichtig und beachtenswert sind. Im folgenden wird eine Reihe physiologischer Abweichungen, die bei Zimmerpflanzen häufig sind, beschrieben. Ihre Zahl ist Legion. Die Möglichkeit, daß Ihre Pflanzen Krankheitssymptome zeigen, die hier nicht aufgeführt sind, kann daher nicht ausgeschlossen werden.

5.1 Steckenbleiben, Faulen oder Vertrocknen und Abfallen von Blütenknospen und/oder Blattfall nach anfangs gutem Wuchs und normaler Blütenknospenbildung

Eine physiologische Abweichung, die bei allen Zimmerpflanzen vorkommen kann, die wir aber hauptsächlich kennen bei *Rhododendron, Erica,* Kamelie *(Camellia), Fuchsia,* Efeuaralie *(x Fatshedera),* Gummibaum *(Ficus), Bougainvillea, Begonia* und Osterkaktus *(Rhipsalidopsis).*

Das anormale Steckenbleiben, Faulen oder Vertrocknen und Abfallen der Blütenknospen nach anfangs flottem Wuchs und normaler Blütenknospenbildung, später oft noch gefolgt von Blattfall, ähnelt stark dem herbstlichen Blattfall nicht immergrüner, holziger Gewächse in der freien Natur. Dieser stellt eine Anpassung an den Wechsel der Jahreszeiten dar. Im Winter ist die Tätigkeit der Wurzeln im kalten Boden stark eingeschränkt. Sie können die für die Ver-

38

dunstung durch die Blätter erforderliche Wassermenge, die bei Laubholzgewächsen sehr hoch ist, im Winter nicht heranschaffen; sollten in dieser Zeit Blätter vorhanden sein, würden diese bald welken und vertrocknen. Die Pflanze wirft sie aus diesem Grunde rechtzeitig im Herbst ab. Auch bei den vorstehend genannten Ziergewächsen geht dem Abstoßen der Blätter oder Blütenknospen die Bildung einer Trennschicht an der Stelle voraus, an der der Blattstiel am Trieb oder der Blütenstiel am Blütenstand sitzt.

Anlaß dazu ist in den meisten Fällen eine Herabsetzung der Wurzelfunktion als Folge von Trockenheit im Boden. Wenn die in dem ausgetrockneten Boden stehenden Pflanzen dann durch übermäßiges Gießen plötzlich wieder viel Wasser zugeführt bekommen, steigt der Saftdruck (Turgor) in den Zellen der Trennschicht an, diese schwellen, runden sich ab und weichen, ohne zu zerreißen, auseinander; die Folge ist das rasche Ablösen der Blätter bzw. Blütenknospen.

Auch eine übermäßige Stickstoffdüngung kann zu starkes vegetatives Wachstum unter Zurückdrängung der Blütenknospenbildung zur Folge haben. Einige weitere nichtparasitäre Ursachen, die zu plötzlichem Blatt- und Blütenknospenabfall führen können, sind:

- Zu starke Verkleinerung des Wurzelballens, z. B. beim Verpflanzen,
- Wurzelfäule als Folge von zuviel Feuchtigkeit in der Erde,
- Lichtmangel,
- Zu hohe Zimmertemperatur,
- Plötzliche, starke Schwankungen der Zimmertemperatur,
- Stark wechselnde relative Luftfeuchtigkeit,

- Zu hohe Blumendünger-Gaben, die zudem noch zu Wurzelschäden führen können.

5.2 Ernährungskrankheiten

Hierbei handelt es sich um Erkrankungen der Pflanzen, die als Folge von Fehlern in der Ernährung, vor allem eines Mangels oder eines Überschusses an bestimmten Nährstoffen, auftreten.

Die hierdurch entstehenden Schadbilder sind fast immer charakteristisch für das jeweils im Mangel oder im Überschuß befindliche Element. Bei extremer Überdüngung kann man geradezu von einer Vergiftung sprechen; in derartigen Fällen sind die für das im Überschuß befindliche Element typischen Symptome nicht mehr ganz so deutlich erkennbar. Den Mangel oder Überschuß an einem Nährstoff kann man an Hand von Blatt- und/oder Wurzelsymptomen feststellen.

Mit Hilfe der nachstehenden Übersicht können Sie – wenigstens in bezug auf die wichtigsten Hauptnährstoffe und Spurenelemente – selbst zu bestimmen versuchen, wo der Ernährungsfehler liegt.

Bei Pflanzen auf der Fensterbank wird nach Anwendung der üblichen Blumendünger kaum jemals ein Überschuß an nur einem Nährstoff auftreten. Ein Überschuß an sämtlichen Hauptnährstoffen als Folge zu häufiger Düngung führt schnell zu einer zu hohen Salzkonzentration in der Topferde. In diesem Falle sollte man die Pflanze in frische Erde umtopfen oder das Zuviel an Salz ausspülen. Hierzu stellt man die Pflanze unter den Wasserhahn und läßt das Wasser in einem ruhigen Strahl auf die Topferde laufen. Die Nährsalze lösen sich langsam auf

Physiologische Krankheiten

Krankheitsmerkmale an der ganzen Pflanze

Stickstoffmangel	■ Blätter gelbgrün, die Pflanze bleibt klein, die untersten Blätter sterben ab; Wurzeln weiß, dick, sehr lang und wenig verzweigt.
Phosphorsäuremangel	■ Blätter dunkelgrün, später violett getönt, Pflanze bleibt klein. Wurzeln rötlich, braun, schwach; lockerer Topfballen.

Krankheitsmerkmale zuerst oder hauptsächlich auf den älteren Blättern

Kalimangel	■ Blattrand und -spitzen nekrotisch (braun und trocken) und eingerollt; Wurzeln gelblich, schleimig, lang und wenig verzweigt.
Magnesiummangel	■ Chlorose (gelbweiße Verfärbung) bis zu Nekrosen in den Interkostalfeldern (zwischen den Blattadern) oder abgestorbene Blattränder. In der Regel bleiben Partien des Blattgewebes entlang den Adern am längsten grün. Blätter oft spröde brüchig. Wurzeln weißlich bis gelbbraun, kurz, Spitzen schleimig.
Manganmangel	■ Chlorose in den Interkostalfeldern. Grüner Saum entlang den Adern, »Tannenbaum«-Muster bei Gegenlicht. Wurzeln normal.

Krankheitsmerkmale zunächst oder hauptsächlich an den jüngeren Blättern

Eisenmangel	■ Völlige Chlorose, bei der die Vegetationspunkte am Leben und die Blattadern, auch die feinsten, grün bleiben: »Fischgrätenmuster«. Wurzeln braun, mit vielen kurzen Seitenwürzelchen.
Manganmangel	■ Chlorose in den Interkostalfeldern. Blattadern mit mehr oder weniger breitem Saum grün bleibend.

Stickstoffmangel (links)
an Usambaraveilchen
(Saintpaulia ionantha).

Phosphorsäuremangel
an Rosenblättern.

Starker Kalimangel (links)
an Weihnachtsstern
(Euphorbia pulcherrima).

und verlassen die Erde durch das Loch am Boden des Topfes. Um einen guten Abfluß zu erreichen, empfiehlt es sich, an einer Seite ein Steinchen oder dergl. unter den Topf zu legen. Durch diese Behandlung verliert die Topferde sämtliche Nährsalze, und es ist ratsam, dann wieder mit der normalen, regelmäßigen Düngung fortzufahren.

Bei Anwendung der üblichen Zimmerpflanzendünger wird auch ein Mangel an einem einzelnen Hauptnährstoff nicht auftreten. Nimmt man aber, bei Vernachlässigung der Düngung, nur eines der Mangelsymptome wahr, sei es für Stickstoff, Phosphorsäure, Kali oder Magnesium, so wird es höchste Zeit, der Pflanze einen Zimmerpflanzendünger zu verabreichen, der – als sogenannter Volldünger – alle Hauptnährstoffe enthält.

Manganmangel kann auch auftreten, wenn die Topferde zuviel Kalk enthält; ebenso kann zuviel Kali im Boden Magnesiummangel hervorrufen. Solche Fälle von sogenanntem Antagonismus dürften jedoch bei Verwendung normaler Gärtnererden und Zimmerpflanzendünger kaum vorkommen.

Es gibt aber eine Mangelkrankheit, die bei Pflanzen im Zimmer verhältnismäßig häufig wahrgenommen wird: *Brunfelsia* und *Citrus* sind Schulbeispiele für Pflanzen, die rasch und deutlich einen Mangel am Spurenelement Eisen anzeigen; wir nennen solche Pflanzen Indikatorpflanzen.

Für die Behebung des Eisenmangels stehen einige Mittel zur Verfügung, die mehr oder weniger rasch Heilung bringen. Wem es z. B. möglich ist, sogenanntes Eisenchelat (Chel 138 FE) zu erhalten, kann damit ausgezeichnete Erfolge erzielen. Von diesem Mittel löst man 5 g in 1 l Leitungswasser und gießt von dieser Lösung 25–30 ml pro Pflanze auf die Topferde. Ein nicht ganz so schnelles Ergebnis erzielt man, wenn man 0,5 g Eisensulfat in 1 l Wasser auflöst und von dieser Lösung 50 ml auf die Topferde gießt. Diese Behandlung sollte einige Male wiederholt werden, wobei aber jedes Mal eine frische Lösung herzustellen ist; Eisensulfat erhält man in der Drogerie. Daß ein in die Erde gesteckter rostiger Nagel dasselbe bewirkt, dürfte eine Fabel sein, doch scheint eine Eisentablette pro Pflanze oder auch der unter die Erde gemischte getrocknete Inhalt eines gebrauchten Teebeutels eine gewisse Wirkung auszuüben.

Eisenmangel bei
Hortensie *(Hydrangea).*

Magnesiummangel an
Chrysanthemenblättern.

Stickstoffmangel (oben),
Phosphorsäuremangel
(Mitte) und
Kalimangel (unten)
an Blättern des
Weihnachtssterns
(Euphorbia pulcherrima).
Rechts gesunde Blätter.

43

5.3 Gewebewucherungen

Gewebewucherungen oder Intumeszenzen äußern sich gewöhnlich als warzenartige Knötchen besonders auf der Blattunterseite. Sie sehen manchmal etwas fettig aus und sind grün, braun oder orangefarben. In dieser Farbabstufung kann man sie u. a. antreffen beim Eibisch, *Hibiscus,* Gummibaum, *Ficus* und Drachenbaum, *Dracaena.* Damit soll aber keineswegs gesagt sein, daß solche Wucherungen nur bei diesen Pflanzenarten auftreten.

Die primäre Ursache dieser Erscheinung ist, daß die Pflanze, nachdem das Wachstum als Folge der abnehmenden Lichtintensität mehr oder weniger zum Stillstand gekommen ist, zu neuem Austrieb gezwungen wird, z. B. durch zu hohe Temperaturen oder zuviel Bodenfeuchtigkeit. Da dies gerade in einer Periode geschieht, in der die Verdunstung durch die Pflanze gering ist, bleibt viel Wasser im Blatt zurück. Die Randzellen der sich hauptsächlich auf der Blattunterseite befindlichen Spaltöffnungen stülpen sich nach außen, wodurch die warzenartigen Gebilde entstehen. In einem späteren Stadium vertrocknen diese Zellen, und es entstehen braune, höckerige Knubbel.

Der Orchideen-Liebhaber kennt Intumeszenzen, als kleine warzenartige Wucherungen, sogar an Blütenblättern. Dort reißt die Oberhaut, und es treten Löcher auf. Auch in diesem Fall wird übermäßig hohe Luftfeuchtigkeit bzw. eine zu stark reduzierte Verdunstung als Ursache angesehen.

Im Zimmer kommt es zu derartigen Schäden oft bei Pflanzen, die im Sommer kräftig wuchsen und nun, statt eine Ruheperiode mit niedrigen Temperaturen und weniger Feuchtigkeit zu erhalten, in einen warmen Raum kommen und hier reichlich gegossen werden. Die Lichtmenge ist dabei zu gering, um die Ruheperiode zu unterbrechen.

Zu dieser Art Schäden werden auch die sogenannten Aurigo-Flecken gezählt, eine Gelbsprenkelung der Blätter, die hauptsächlich beim Gummibaum, *Ficus elastica,* aber ebenso bei Palmen auftreten kann. »Aurigo« leitet sich ab vom lateinischen *aureus* = golden. Die Aurigo-Flecken erscheinen meist in großer Zahl, sind gelb bis rotbraun und haben gewöhnlich einen heller gefärbten, durchscheinenden Rand.

Auch sie werden auf übermäßige Wasserzufuhr bei gehemmter Verdunstung und Lichtmangel zurückgeführt. Obwohl sie bei vielen Pflanzenarten vorkommen können, zeigen einkeimblättrige Zierpflanzen, z. B. Palmen, diese Schäden meist in stärkerem Maße als zweikeimblättrige Zierpflanzen.

Die ersten Flecke bilden sich im allgemeinen an der Blattspitze. Dadurch, daß zwischen den älteren Flecken immer wieder neue entstehen, kann das ganze Blatt gelb gesprenkelt aussehen. Diese Flecke bedeuten naturgemäß eine Minderung des Chlorophyllgehaltes und damit eine Reduzierung der assimilierenden Blattfläche. Maßnahmen zur Verhütung oder Milderung der genannten Schäden sind:

- ein möglichst heller Standort
- eine nicht zu hohe Temperatur
- wenig gießen
- keine Düngung vom November bis Anfang April

Pflanzen, die Intumeszenzen oder Aurigo-Flecke zeigen, muß man also möglichst hell und unbedingt kühl stellen und ihnen weniger Wasser geben. Wenn eine Pflanze bereits zu stark gelitten hat, sollte man sich durch Stecklinge bzw. (bei *Ficus*) durch Abmoosen eine neue heranziehen.

5.4 Völlige Schwächung der Pflanze durch zu kalte Erde

Eine völlig geschwächte und kümmernde Pflanze zeigt vergilbende Blätter und Trockenschäden, obwohl die Topferde noch normal feucht ist.

Eine der Schadursachen, die leider oft nicht erkannt wird, ist im Winter bei Pflanzen, die auf einer Fensterbank stehen, die zu tiefe Temperatur der Topferde. Besonders gefährlich sind die aus Fliesen oder Kacheln bestehenden Fensterbänke. An kalten Wintertagen empfielt es sich, die Temperatur des Topfes mit der Hand zu messen. Sie werden dann oft feststellen, daß der Topf und damit auch der Topfballen eiskalt sind. In einem kalten Boden ist die Wurzeltätigkeit nur sehr gering, während andererseits bei der höheren Temperatur im Raum die Blätter normal verdunsten und von den Wurzeln Nachschub an Feuchtigkeit verlangen. Hier wird der Pflanze eine Leistung zugemutet, die sie wirklich nicht vollbringen kann.

Man kann versuchen, diesen Mißstand einigermaßen dadurch zu beheben, daß man zwischen Topf und Fensterbankfliesen eine etwa 2 cm starke Schaumgummiplatte anbringt. Wegen der isolierenden Wirkung dieses Materials kann die Kälte der Fliesen die Temperatur der Topferde dann nicht oder kaum mehr beeinflussen. Auch Chlorose, das heißt, ein völliges Ausbleichen aller Pflanzenteile mit Ausnahme der Stengel, kann durch zu kalte Erde hervorgerufen werden. Im übrigen kommen als weitere Ursachen für Chlorose und andere Schäden in Betracht: der bereits erwähnte Eisenmangel, Wurzelfäule oder ein zu sonniger Standort für Pflanzen, die schattige Standorte bevorzugen.

5.5 Guttation oder Tautropfenbildung

Hauptsächlich morgens bemerkt man am Blattrand und besonders an der Blattspitze Tropfen. Diese kommen aus Öffnungen, die sich am Ende von Blattnerven bzw. Wasserleitungsbahnen befinden. Man kennt diese völlig harmlose Erscheinung zum Beispiel von *Philodendron,* dem Baumfreund, *Dieffenbachia* und *Anthurium,* der Flamingoblume. Die Guttation oder Tautropfenbildung tritt nur an gesunden Pflanzen auf, und auch hier nur bei bestimmten Umweltbedingungen: Die Pflanze muß reichlich mit Wasser versorgt sein, die relative Luftfeuchtigkeit muß hoch sein, und die Temperatur im Topfballen muß höher liegen als im Raum.

Guttation oder Tautropfenbildung an Begonienblatt.

Physiologische Krankheiten

5.6 Genetische Buntfleckigkeit

Blattmuster mit gelbgrünen und weißgrünen neben normal gefärbten Partien deuten auf genetische Buntfleckigkeit hin. Die Ursache ist eine sprunghafte Veränderung (Mutation) der Erbeigenschaften.

Diese Abweichungen sind oft Viruskrankheiten täuschend ähnlich. Doch gibt es einige spezifische Merkmale, an denen man diese genetisch bedingten Veränderungen erkennen kann. Ein deutliches Kennzeichen ist die scharfe Abgrenzung der bunten Partien vom normal gefärbten Blattgewebe. Bei genetischer Buntfleckigkeit fehlt in einer oder mehreren Zellschichten das Blattgrün. Dies erklärt das Zustandekommen der mehr oder weniger intensiven Aufhellungen.

Die bunten Blattpartien können gewisse Farbschattierungen aufweisen, die manchmal ineinander überfließen, die aber niemals für eine Virus-Erkrankung typisch sind.

Schließlich sei noch vermerkt, daß die Erscheinungsformen der genetischen Buntfleckigkeit gelegentlich durch bestimmte Standortverhältnisse – z. B. Kälte bei Azaleen – beeinflußt werden können.

Daß die »befallenen« Pflanzen in ihrer Entwicklung zurückbleiben, leuchtet ein, da die assimilierende Blattfläche ja mehr oder weniger stark reduziert ist.

5.7 Korkwucherungen

Auf Blättern und/oder Stengeln bilden sich manchmal braune, aus der Gewebeoberfläche herausragende korkartige Flecke oder Wucherungen. Oft entstehen durch die Verkorkung auch kleine Löcher in den Blättern.

Man kann diese Abnormität u. a. finden an: Begonien *(Begonia)*, Clivien *(Clivia)*, Gummibäumen *(Ficus)*, Orchideen, Pelargonien *(Pelargonium peltatum* und *Pelargonium zonale)*, Zwergpfeffer *(Peperomia)*, Kalanchoë, Bogenhanf *(Sansevieria)* und Kakteen.

Die Ursache der Korkbildung ist anhaltende kräftige Wasserzufuhr durch die Wurzeln bei hoher relativer Luftfeuchtigkeit und abnehmender Lichtintensität. Bei langsam wachsenden Pflanzen, z. B. Clivien, kann auch übermäßige Düngung Korkbildung auslösen. Bei Kakteen können Korkwucherungen entstehen, wenn sie schattig gestanden haben, wenn sie frisch getopft oder in eine leicht austrocknende Erde gepflanzt wurden und dann plötzlich starker Sonnenbestrahlung ausgesetzt werden.

Eine besondere Art von Korkwucherungen kommt, vor allem in den Wintermonaten, bei einigen, zu den Euphorbiaceae gehörenden Sukkulenten vor. In dieser lichtarmen Zeit zeigen diese »Sonnenkinder« nur geringes Wachstum, und ihre jungen Triebe verkorken gern und schnell. Obwohl dies ein ganz natürlicher und auch harmloser Vorgang ist, werden die betroffenen Pflanzenteile recht unansehnlich, und auch die Wuchskraft ist gehemmt, da die verkorkten Partien nicht normal assimilieren können. Insgesamt gesehen ist Korkbildung also keine eigentliche Krankheit, doch möge man bedenken, daß die Symptome nicht mehr

Genetische Buntfleckigkeit an *Pisonia umbellifera*.

Korkwucherungen an Blattstiel des Gummibaumes *(Ficus elastica)*.

Physiologische Krankheiten

verschwinden und die Verkorkung ein bleibender Schönheitsfehler ist.

Man kann der Verkorkung vorbeugen bzw. ihrer Ausweitung entgegenwirken, indem man in den Wintermonaten nur wenig gießt, die Pflanzen in dieser Zeit so hell wie möglich und nicht in das warme Zimmer stellt und am besten gar nicht oder nur sehr wenig düngt.

5.8 Weiße Kügelchen auf der Blattunterseite

Bei manchen Zimmerpflanzen findet man auf der Unterseite der Blätter glasige, weiße Kügelchen, die wie Schneckeneier aussehen.

Es handelt sich hier jedoch um eine physiologische Erscheinung, die nur bei einigen Vertretern der Familie der Vitaceae (Rebengewächse) vorkommt, z. B. bei der Doldenrebe *(Ampelopsis)*, der Klimme *(Cissus)*, der Kapland-Klimme *(Rhoicissus)* usw. Alle Pflanzen dieser Familie neigen dazu, ihre Spaltöffnungen nach außen zu »stülpen«, wenn sie sich in einem Raum mit tiefen Temperaturen bei gleichzeitig hoher Luftfeuchtigkeit befinden. Wenn dazu noch der Wurzeldruck hoch ist, scheiden die Pflanzen durch die Spaltöffnungen Wasser aus. Man kann diese Erscheinung als Kombination von Guttation und Intumeszenz ansehen.

Ein Schulbeispiel für dieses Phänomen ist übrigens die Weinrebe *(Vitis vinifera)*. Das von den Pflanzen ausgeschiedene Wasser enthält einige Zucker und Salze, die später antrocknen. Es ist verständlich, wenn angesichts der Ähnlichkeit dieser Kügelchen mit Insekteneiern mancher Pflanzenfreund meint, seine Pflanzen mit Insektiziden behandeln zu müssen.

5.9 Weiße Mosaikzeichnung auf den Blättern

Hellgelbe bis weiße, meist scharf begrenzte, unregelmäßige, runde oder ovale Blattflecke trifft man bei zahlreichen Vertretern der Familie der Gesneriaceae an, z. B. bei Usambaraveilchen *(Saintpaulia)*, dem Schiefteller *(Achimenes)*, der Gloxinie *(Sinningia)* und der Kolumnee *(Columnea)*. Dieses Symptom deutet auf einen plötzlichen Abbau von Chlorophyll hin, als Folge ungeeigneter Kulturmaßnahmen.

Zum einen kann dieser Schaden durch direkte Sonnenbestrahlung auf noch nasse Blätter entstehen, zum anderen ist der Hauptgrund in den meisten Fällen Gießen mit zu kaltem Wasser. Viele Gesneriaceae sind nämlich besonders empfindlich für Gießwasser, das kälter ist als die Temperatur des Blattes. Handwarmes Gießwasser ist hier das einzige Heilmittel.

Da der Schaden nicht rückgängig zu machen ist, empfiehlt es sich, derart unansehnlich gewordene Blätter zu beseitigen.

5.10 Sonnenbrandschäden

Auf den Blättern entstehen scharf begrenzte, etwas eingesunkene, unregelmäßig geformte, weiß eingetrocknete Flecke. Hier liegen Sonnenbrandschäden vor, die durch direkte Sonneneinstrahlung auf Blätter von Pflanzen zustande kommen, die an diese intensive Bestrahlung nicht gewöhnt sind.

Bei Kakteen, *Kalanchoë* und Lorraine-Begonien verursacht zu starke Besonnung rotbraune Verfärbungen.

Es gibt nur sehr wenig Pflanzen, die es im Sommer hinter den Scheiben eines Südfensters ohne Schutz gegen die direkte Sonne aushalten.

Kaltwasserschäden an Blättern des Usambaraveilchens *(Saintpaulia ionantha)*.

Sonnenbrandschaden bei Opuntie.

Physiologische Krankheiten

5.11 Blattpocken bei Anthurium

Besonders bei *Anthurium scherzerianum*, der Flamingoblume, sieht man auf den Blattspreiten oft etwas erhöhte, scharf abgegrenzte, kreisrunde, hell- bis graugrüne, pockenartige Flecke von 0,5–0,75 cm Durchmesser. Häufig zeigen diese Flecke eine dunklere, leicht eingesunkene Mitte. Mitunter entstehen auch hellgelbe Ringe.

Diese Blattpocken erscheinen gern, wenn sich die Pflanze in einem Raum befindet, in dem eine niedrige Temperatur herrscht und die relative Luftfeuchtigkeit anhaltend hoch ist. Außerdem nimmt man an, daß das Begießen der Blätter mit zu kaltem Wasser ebenfalls zur Entstehung solcher Blattpocken führen kann.

Somit ergibt sich zur Verhütung dieser Schäden: Die Zimmertemperatur nicht zu stark absinken lassen und die Pflanzen nie mit kaltem Wasser überspritzen.

5.12 Blattflecke bei Cissus, Cyclamen und Primula

Auf den Blättern von *Cissus antarctica, Rhoicissus, Cyclamen* und *Primula* können Flecke entstehen, die sich wie folgt charakterisieren lassen:

Cissus, Klimme: Flecke eckig, stets durch Blattadern scharf begrenzt. Anfangs sind sie glasig und durchscheinend, später werden sie gelb und schließlich braun. Die Flecke vergrößern sich, fließen zusammen und bringen das Blatt zum Verdorren und Abfallen.

Cyclamen, Alpenveilchen: Kleine und größere, graubraune bis braune, meist scharf begrenzte, unregelmäßige Flecke, sowie schwarze, etwas eingesunkene »Stippen« auf den Blättern.

Primula, Primel: Weißliche, hellgelbe, später braune, kleine Stippen zwischen den feineren Blattadern (Gelb- oder Weißstippigkeit).

Für die Entstehung aller dieser Flecke werden verschiedene Ursachen verantwortlich gemacht, z. B.:

- zu nasse Topferde bei gleichzeitig zu niedriger Raumtemperatur,
- zeitweises Austrocknen des Wurzelballens,
- zu niedriger pH-Wert,
- zu kaltes Gießwasser,
- zu krasse Temperaturschwankungen,
- starke Schwankungen in der Belichtung.

Eine gewisse Abhilfe kann man schaffen, indem man die Pflanzen trockener hält und sie hell und etwas kühler stellt.

Physiologische Krankheiten

5.13 Blattschäden an Ficus

Bei einigen *Ficus*-Arten, z. B. beim Gummibaum, können Blattschäden auftreten, die sich durch gelbe Flecke auf der Blattoberseite und kleinere korkartige Flecke auf der Blattunterseite äußern.

Derartige Schäden werden durch zu hohe relative Luftfeuchtigkeit in Verbindung mit zu geringer Lichtintensität hervorgerufen. Eine solche Situation tritt hauptsächlich im Herbst auf, wenn in den ersten kalten Tagen, besonders nachts, noch nicht geheizt wird.

Blattschäden an Gummibaum *(Ficus elastica)*, hervorgerufen durch zu hohe relative Luftfeuchtigkeit bei zu geringer Lichtintensität.

5.14 Schwarzfleckigkeit bei Orchideen

Auf den Blättern verschiedener Orchideen-Arten zeigen sich unregelmäßig geformte, anfangs gelbgrüne, durchscheinende, später braune und schließlich sich schwarz verfärbende Flecke. Das an diesen Stellen oft schwielenartig aufgetriebene Gewebe sinkt später ein und vertrocknet.

Als Ursachen für diese Schäden werden angesehen: Ein ungeeignetes Kultursubstrat, zu hohe Temperaturen oder ein zu hoher Feuchtigkeitsdruck in den Blättern, wenn diese, besonders im Herbst, infolge zu tiefer Temperatur, damit verbundener hoher relativer Luftfeuchtigkeit und abnehmender Lichtintensität in der Transpiration gehemmt sind.

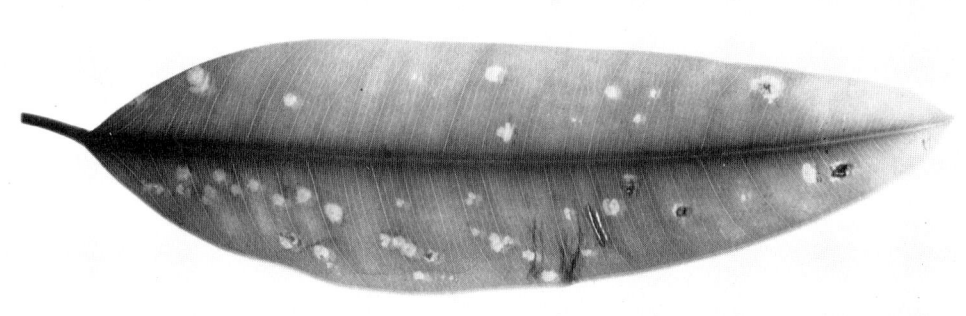

Physiologische Krankheiten

5.15 Braune Streifen auf Farnblättern

Namentlich bei dem Frauenhaarfarn, *Adiantum,* und dem Schwertfarn, *Nephrolepis,* tritt strichelförmige Verbräunung der feineren Blattadern mit Teilen des angrenzenden Zellgewebes auf. In einem späteren Stadium verbräunen die Blätter völlig und trocknen ein.

Man darf dieses Krankheitsbild nicht verwechseln mit einem beginnenden Befall durch Blattälchen; hier bleiben gerade die Blattadern grün, während sich das dazwischen liegende Gewebe braun verfärbt.

Auch in diesem Fall können die Schäden auf ungünstige Umweltbedingungen zurückgeführt werden, z. B. zu hohe Salzkonzentration der Topferde, ein zu hoher pH-Wert, beschädigte Wurzeln oder zu hohe relative Luftfeuchtigkeit bei zu niedriger Temperatur. Daher: Vor allem ausreichend heizen und lüften und nur mäßig düngen.

5.16 »Grey-leaf« bei Peperomia

Bei verschiedenen Arten der Gattung *Peperomia,* zu deutsch Pfeffergesicht oder Zwergpfeffer, können Blattschäden auftreten, die unter der Bezeichnung »Grey-leaf« (= graues Blatt) bekannt sind. Die Blätter sind bleich, grau bis braun verfärbt, die Blattadern braun. Auffallend ist der intensive »Maggi«-Geruch, den diese Pflanzen verbreiten. Obwohl die genaue Schadursache nicht feststeht, dürfte doch als sicher gelten, daß es sich um eine nichtparasitäre Erscheinung handelt.

Vermutlich ist die Ursache auch hier wieder eine falsche Behandlung der Pflanzen, wobei hauptsächlich zu viel oder zu wenig Gießwasser und zu niedrige Temperaturen eine Rolle spielen dürften.

5.17 Gummiausscheidungen bei Pachypodium

Bei der Madagaskar-Palme, *Pachypodium,* kommt es gelegentlich zu Gummiausscheidungen an den jüngsten Blättern. Die Blattspitzen färben sich braun, auch zwischen den Blattadern entstehen kleine braune Flecke, und die jüngeren Blätter krümmen sich gern sichelförmig.

Auch bei dieser Erscheinung dürften als Hauptursache Kulturfehler, in erster Linie zu reichliches Gießen, in Betracht kommen, denn die Anwesenheit parasitärer Organismen konnte bisher nicht nachgewiesen werden. *Pachypodium* ist eine Sukkulente (Trockenheit liebend), die vor allem in der Ruheperiode – sobald die Blätter zu fallen beginnen – nur sehr sparsam gegossen werden darf.

Unendlich groß ist die Zahl allein der Insekten, die in der freien Natur bei uns vorkommen. Sehr klein jedoch ist zum Glück die Zahl derjenigen Arten, die die Gesundheit unserer Zimmerpflanzen bedrohen. Doch schon eine einzige Art kann in solchen Massen auftreten, daß das Halten von Zimmerpflanzen von einer Lust zu einer Last wird.

Viele Pflanzenliebhaber führen einen ständigen, unermüdlichen Kampf gegen einen Feind, den sie oft kaum sehen können. Alle erlaubten, unerlaubten, gekauften und selbsthergestellten Mittel werden in diesen Kampf geworfen, doch der Erfolg ist oft nur sehr bescheiden.

Und doch braucht die Schädlingsbekämpfung in vielen Fällen mit ein wenig Sachkenntnis kein Problem zu sein.

Freilich läßt sich kein Schädling durch eine einmalige Behandlung völlig ausrotten, da nicht alle Entwicklungsstadien gleich empfindlich gegen die angewandten Mittel sind. Wenn man dann zu lange mit der zweiten Behandlung wartet, ist oft inzwischen eine neue Generation herangewachsen, die ihrerseits auch schon wieder für ein nicht bekämpfbares Entwicklungsstadium, z. B. Eier, gesorgt hat.

Aus diesem Grunde kann es lange dauern, bis man einen Schädling entscheidend in die Knie gezwungen hat, und meistens gibt man die Schuld dafür dem angewandten Bekämpfungsmittel, das nicht genügend wirkt.

In diesem Kapitel werden die tierischen Feinde aufgeführt, mit denen man es auf der Fensterbank oder im kleinen Gewächshaus zu tun kriegen kann. Auch die geeigneten Pflanzenschutzmittel bzw. deren Wirkstoffe sowie die Termine für eine eventuelle zweite oder dritte Behandlung werden genannt.

Für den Fall, daß keine Bekämpfung möglich ist, weil es für diesen speziellen Zweck kein wirksames und anerkanntes Präparat gibt, wird geraten, die befallene Pflanze zu vernichten. Auch wenn diese Entscheidung manchmal hart ist, sollte man diesem Rat folgen, denn dies ist der einzige Weg, dem Befall weiterer, benachbarter Pflanzen vorzubeugen.

Schließlich noch folgende Bemerkung: Obwohl die Pflanzenschutzmittel-Industrie bestrebt ist, Präparate herzustellen, die bei möglichst vielen Pflanzenarten ohne schädliche Nebenwirkungen angewandt werden können, gibt es doch immer wieder Pflanzen, die durch bestimmte Mittel geschädigt werden. Nun ist ein geringfügiger Schaden durch die Nebenwirkungen eines Pflanzenschutzmittels vielleicht noch hinzunehmen, doch bedenklich wird es, wenn der Schaden größer ist als der, den der Schädling voraussichtlich anrichten wird. Aus diesem Grunde bringen wir im Anschluß an Kapitel 9 eine Liste derjenigen Pflanzenschutzmittel, die wegen ihrer Nebenwirkungen bei bestimmten Pflanzenarten nicht angewandt werden dürfen.

Tierische Schädlinge

6.1 Älchen

Älchen oder Nematoden kommen in nicht bekannten Mengen im Boden und Wasser vor. Von den mehr als zehntausend in der Natur vorkommenden Arten sind aber nur etwa dreißig für Landwirtschaft und Gartenbau von Bedeutung. Im Zierpflanzenbau haben wir es mit noch weniger schädlichen Arten zu tun. Und doch kann der Schaden derart sein, daß befallene Pflanzen kümmern oder, im schlimmsten Falle, sogar eingehen.

Älchen haben, wie es der Name schon andeutet, einen langgestreckten, aalförmigen Körper, sind sehr klein, kaum größer als 1 mm, farblos, glasig durchscheinend und können in Pflanzenteilen in sehr großer Zahl vorkommen.

Der Schaden entsteht im allgemeinen dadurch, daß die Älchen mit einem sogenannten Mundstachel in das Pflanzengewebe stechen, die Zellen aussaugen und das Gewebe zerstören. Das beschädigte Gewebe stellt für zahlreiche Pilze und Bakterien eine willkommene Eingangspforte dar.

Die Verbreitung der Älchen erfolgt durch Erde, Pflanzenreste, Stecklinge, Zwiebeln, Knollen, Wasserspritzer usw. Bei unseren Zimmerpflanzen können wir folgende Gruppen schädlicher Älchen unterscheiden:

6.1.1 Blattälchen

Diese sehr beweglichen Tiere gehören zur Gattung *Aphelenchoides;* sie leben in Blättern, Stengeln, Blütenteilen und in den Zwiebeln und Knollen verschiedener Zierpflanzen. Um einen Eindruck zu vermitteln, in welchen Massen dieser Schädling auftritt, sei erwähnt, daß in 10 g Blattmasse an die 140 000 Tiere vorkommen können.

Bei Zimmerpflanzen äußert sich der Schaden gewöhnlich in gelben, später sich bis braunschwarz verfärbenden, durch Blattadern begrenzte Partien auf den Blättern. Diese »sektorialen Nekrosen« entstehen dadurch, daß die Älchen Schwierigkeiten haben, die Blattadern zu passieren und dadurch gleichsam gezwungen werden, an ihrem Platz zu bleiben. Bei manchen Pflanzen sitzen die Tiere hauptsächlich in den Triebspitzen, wodurch diese mißgestaltet werden und vertrocknen.

Man kann Blattälchen nachweisen, indem man ein Blatt in kleinste Stückchen zerschneidet und diese in ein mit etwas Wasser gefülltes sogenanntes Uhrglas legt. Nach wenigen Minuten schon kann man mit Hilfe eines Vergrößerungsglases oder einer Lupe die Älchen sich durch das Wasser schlängeln sehen.

Von Blattälchen *(Aphelenchoides)* befallene Chrysanthemenblätter.

Wedel des Königsfarns
(Osmunda regalis),
von Blattälchen
(Aphelenchoides) befallen.

Tierische Schädlinge

6.1.2 Wurzelgallenälchen

Wie es schon aus der Bezeichnung hervorgeht, bilden diese zur Gattung *Meloidogyne* gehörenden Älchen-Arten Anschwellungen, sogenannte Gallen, an den Wurzeln. Genau genommen läßt sich kaum eine Zimmerpflanze nennen, an der diese Älchen nicht vorkommen können, doch werden Begonien *(Begonia)*, Wachsblumen *(Hoya)*, Alpenveilchen *(Cyclamen)*, Gloxinien *(Sinningia)*, Kakteen, Primeln *(Primula)*, Gummibäume *(Ficus)*, Usambaraveilchen *(Saintpaulia)* u. a. besonders häufig befallen. Die Gallen sind oft spindelförmig, und ihre Größe hängt von der Älchen-Art, von

Durch Stengelälchen *(Aphelenchoides)* verursachte Mißbildung an Hortensie *(Hydrangea)*.

der Pflanzenart und auch von der Stärke der befallenen Wurzel ab.
Die Wurzeln gehen übrigens in den meisten Fällen ziemlich bald nach dem Befall durch Älchen in Fäulnis über.
Die Larven der Älchen bewegen sich frei im Boden. Sie bohren sich in eine Wurzel ein und entwickeln sich hier zum geschlechtsreifen Tier. An der Einbohrstelle bildet das Wurzelgewebe, ausgelöst durch Ausscheidungen aus den Speicheldrüsen der Älchen, eine Art Galle. Die weiblichen Älchen schwellen stark an und sterben ab, nachdem die Eier – fünfhundert und mehr – in ihrem Körper zur Reife gekommen sind. Die Haut des Muttertieres bietet den Eiern und Larven noch längere Zeit einen sicheren Schutz, doch gelangen letztere, sobald die Wurzel verfault, frei in den Boden.

6.1.3 Zystenbildende Wurzelälchen

Bei Zimmerpflanzen sind diese Älchen – *Heterodera*-Arten – lediglich bei Kakteen *(Heterodera cacti)* und *Ficus (Heterodera fici)* bekannt. Die befallenen Pflanzen bleiben stark in ihrer Entwicklung zurück. Bei Kakteen verursacht das Zysten-Älchen Wurzelfäule, kümmerlichen Wuchs und eine bleiche Farbe des Pflanzenkörpers. Ungefähr die gleichen Symptome rufen die Älchen bei *Ficus*-Arten hervor.
Im Gegensatz zu den Wurzelknollenälchen verursachen diese Älchen keine gallenförmigen Anschwellungen des Wurzelgewebes. Statt dessen brechen die weiblichen Tiere aus der Wurzel heraus und werden als stecknadelkopfgroße, zitronenförmige, anfangs weiße, später sich gelb und rotbraun verfärbende Gebilde, sogenannte Zysten, sichtbar, die fest an der Wurzel haften. Die Zysten können mit bloßem Auge oder einem einfachen Vergrößerungsglas deutlich

wahrgenommen werden. Sie besitzen eine gegen äußere Einflüsse sehr widerstandsfähige Haut und enthalten in ihrem Innern zahlreiche Eier. Aus diesen entwickeln sich die jungen Älchen, die nach Zerfall der Zystenwandung in den Boden entlassen werden.

6.1.4 Wandernde Wurzelälchen

Diese Älchen leben frei im Boden oder ausschließlich an und in den Wurzeln. Infolge der Schädigung der Wurzeln führen sie zu Kümmerwuchs und gelten als eine der Ursachen für die sogenannte Bodenmüdigkeit. Besonders häufig zeigen schlecht gedeihende Pfeilwurz-Arten *(Maranta)* Befall mit Wurzelälchen.

Das charakteristische Schadbild für diese Älchen sind anfangs rotbraune Streifen auf den Wurzeln. Später kommen allgemeine Verbräunung und Fäulnis hinzu. Auch kann man an den Enden der Hauptwurzeln eine stärkere Verzweigung mit feineren Wurzeln feststellen.

Während dem Berufsgärtner zur Bekämpfung verschiedener Älchenarten einige wirksame Präparate zur Verfügung stehen, kommen diese wegen ihrer großen Giftigkeit für den privaten Gebrauch des Liebhabers nicht in Betracht.

Blattälchen fühlen sich allerdings in unseren Wohnräumen mit der niedrigen relativen Luftfeuchtigkeit nicht sehr wohl, weshalb man durch Entfernen der kranken Blätter meist schon einen ausreichenden Bekämpfungserfolg erzielen kann.

Schwieriger ist es schon mit den Wurzelgallen- und Wandernden Wurzelälchen, weil diese die Pflanzen im Boden befallen und nicht direkt durch die Umweltverhältnisse außerhalb des Blumentopfes beeinflußt werden. Wo Stecklingsvermehrung möglich ist, kann man versuchen, sich aus gesunden Teilen der Pflanze Jungpflanzen heranzuziehen. Die kranken Reste der Mutterpflanze sollte man jedoch auf keinen Fall auf den Komposthaufen im Garten werfen, sondern am besten über die Müllabfuhr beseitigen.

In Gewächshäusern, Mistbeetkästen, Blumenbeeten und dergleichen muß man die gesamte alte Erde wegschaffen. Alle kranken Pflanzen müssen vernichtet werden, und die noch gesunden werden in neue Töpfe und frische Erde umgepflanzt. Da auch der kleinste Erdkrümel Älchen enthalten kann, ist es äußerst wichtig, mit größter Sauberkeit und Sorgfalt vorzugehen.

Noch schwieriger schließlich ist die Bekämpfung der Zystenälchen bei Kakteen und *Ficus elastica,* dem Gummibaum. Kann man bei letzterem noch versuchen, durch Abmoosen einen Teil der Pflanze zu retten, so ist bei Kakteen in den meisten Fällen die Vernichtung der kümmernden Pflanzen leider die einzige Lösung.

6.2 Regenwürmer

Die Anwesenheit des nützlichen Regenwurmes (*Lumbricus terrestris* u. a.) wird gewöhnlich erst bemerkt, wenn man die Pflanzen umtopft.

Regenwürmer sind rosafarbene, rote oder braune, gegliederte Würmer, die sich hauptsächlich von absterbenden und verrottenden Pflanzenteilen ernähren. Sie tragen damit wesentlich zur Humusbildung bei. Außerdem bringen sie ständig Boden in Form kleiner Häufchen aus tieferen Schichten an die Erdoberfläche und fördern durch diese Tätigkeit die Durchlüftung des Bodens.

Sollte man trotzdem den Eindruck haben, daß sich viel Regenwürmer in der Topferde

Tierische Schädlinge

aufhalten und den Boden zu stark durchwühlen, kann man eine Fangmethode anwenden, die weder dem Regenwurm noch den Pflanzen schadet. Man stellt den Topf in einen Eimer und füllt diesen soweit mit lauwarmem Wasser, daß der Wasserspiegel gerade eben unter der Oberfläche des Topfballens verläuft. Die Würmer beeilen sich, an die Oberfläche zu kommen, hier kann man sie fangen und anschließend im Garten aussetzen. Die Eier kommen dabei natürlich nicht an die Oberfläche, so daß man die Behandlung nach etwa drei Wochen wiederholen sollte.

6.3 Enchytraeen, »Kleine weiße Würmer«

Enchytraeen sind kleine, weiße, madenförmige, glänzende Würmchen von 0,5–3 cm Länge, die hauptsächlich in humusreichen Böden und Erden vorkommen und in gleicher Weise wie Regenwürmer zur Humusbildung beitragen. Sie ernähren sich von toten Pflanzenteilen, z. B. abgestorbenen Wurzeln, doch werden gelegentlich auch lebende Pflanzenteile, wie Wurzeln, Zwiebeln und Knollen angefressen.

Es scheint jedoch, daß diese für das Auge anscheinend noch völlig gesunden Pflanzenteile bereits durch Bakterien, Pilze oder tierische Schädlinge für den Befall durch Enchytraeen vorbereitet werden, so daß die Frage offen bleibt, ob es sich hier um einen primären oder sekundären Schädling handelt.

Da Enchytraeen fast nur in zu dichten oder staunassen Böden und Erden vorkommen, kann man allein schon durch Umtopfen in frische Erde und mäßiges Gießen der Plage ziemlich sicher Herr werden.

6.4 Schnecken

Obwohl Schnecken als arge Pflanzenschädlinge gelten, spielen sie doch im Zimmer, vor allem wegen der hier herrschenden niedrigen relativen Luftfeuchtigkeit, kaum eine Rolle. Da Schnecken auf feuchte Luft angewiesen sind, kann der Schaden jedoch in Mistbeetkästen, Gewächshäusern und anderen luftfeuchten Räumen beträchtlich sein. Fast immer haben wir es da mit den gehäuselosen Schnecken, den sogenannten Nacktschnecken (*Deroceras reticulatum* u. a.), zu tun.

In die Kulturräume gelangen die Schnecken in der Regel mit Erde, Mist, Pflanzen, alten Töpfen usw. Es sind Nachttiere, die ihren Schaden im Schutz der Dunkelheit anrichten und sich tagsüber unter Steinen, Töpfen, Erdklumpen und dergleichen verborgen halten. Am Tage entdeckt man dann den Schaden, der aus Löchern in den Blättern – mit Vorliebe z. B. bei der Fittonie (*Fittonia verschaffeltii*) –, aus unterseits abgeschabten Blättern (Skelettierfraß), aus durchgenagten Stielen, aus mehr oder weniger tief ausgefressenen Höhlungen in den Pflanzenkörpern von Kakteen (*Zygocactus* = Weihnachtskaktus, im Freien), Crassulaceen und anderen Sukkulenten usw. besteht. Sogar junge Pflanzen werden am Boden abgefressen.

Ein weiteres typisches, verräterisches Zeichen für Schneckenfraß sind die bekannten silbrig glänzenden Schleimspuren und die dunklen Exkremente auf den geschädigten Pflanzen.

Die Bekämpfung der Schnecken ist schwierig, weil sie sich gegen gewisse Bekämpfungsmittel durch ihre Schleimausscheidungen schützen können. Man soll zunächst streng auf Sauberkeit und Hygiene achten,

Regenwürmer (*Lumbricus terrestris* u. a.).

Blattfraß von Nackt-schnecken (*Deroceras reticulatum* u. a.).

Schneckenfraß an Tulpenblüte.

das heißt, den Schnecken keine Unterschlupfmöglichkeiten bieten; als solche können auch Unkräuter dienen.

Für den Pflanzenliebhaber, der nicht gern Chemikalien anwendet, besteht die einfachste Bekämpfungsmethode darin, daß man die Schnecken spät abends – 1 Stunde nach Dunkelwerden – nachts oder sehr zeitig am Morgen absucht. Wertvolle Blüten von Orchideen, Flamingoblume *(Anthurium)* und dergleichen kann man schützen, indem man die Blütenstiele lose mit trockener Watte umwickelt. Solange dieser Schutz trocken bleibt, kriechen die Schnecken nicht darüber hinweg. Von Saatschalen und kostbaren Topfpflanzen kann man Schnecken fernhalten, wenn man sie auf umgestülpte Blumentöpfe stellt, die in einem mit Wasser gefüllten Untersatz stehen. Saatbeete, Stecklingsbeete und ähnliches umgibt man mit einem nicht zu schmalen Streifen von Kalkpulver, Ruß, Asche oder Fichtennadeln, um die Zuwanderung von Schnecken zu verhüten. Alle diese Materialien halten die Schnecken aber nur ab, solange sie völlig trocken sind. Einige Hobby-Gärtner empfehlen sogar, mit Bier gefüllte flache Schalen als Köder aufzustellen.

Chemisch können Schnecken am besten mit metaldehydhaltigen Schneckenködern (Granulat, Spritz- oder Stäubemittel), mit Schneckenkorn Mesurol (Wirkstoff: Mercaptodimethur) oder mit staubförmigen Metaldehyd-Aufbereitungen (z. B. Tschilla-Schneckenstaub) bekämpft werden. Zum Teil enthalten diese Präparate neben dem Wirkstoff noch ein Lockmittel.

Im Wirkungsmechanismus bestehen zwischen den genannten Mitteln gewisse Unterschiede: Metaldehyd entzieht den Schnecken viel Feuchtigkeit; nach einer Behandlung sollte der Kulturraum noch einige Tage so trocken wie möglich gehalten werden, mit Temperaturen möglichst über 10° C. Mesurol dagegen vergiftet die Schnecken direkt und wirkt auch noch bei niedrigeren Temperaturen. Die Köder sollten gleichmäßig über die zu behandelnde Fläche verteilt werden. Eine einmalige Behandlung genügt nicht, nach etwa 10 Tagen sollte sie wiederholt werden.

6.5 Kellerasseln

Zimmerpflanzen auf der Fensterbank dürften durch diese Tiere wohl nicht so leicht geschädigt werden. In Gewächshäusern, Mistbeeten und dergleichen dagegen können sie in größerer Zahl auftreten und erheblichen Schaden anrichten.

Die zu den Krebstieren gehörenden Kellerasseln sind 10–20 mm lang, gewöhnlich grau und im Besitz von sieben Paar Füßen. Es gibt mehrere Arten *(Oniscus asellus, Porcellio scaber* u. a.), von denen eine sich kugelförmig zusammenrollt, wenn sie beunruhigt wird. Sie besitzen kiemenartige Atemorgane und können aus diesem Grunde nur in einer Umgebung mit hoher Luftfeuchtigkeit leben. Es sind typische Nachttiere, die sich tagsüber unter Kisten, Steinen, totem Pflanzenmaterial usw. versteckt halten.

Die Tiere sind lichtscheue Allesfresser; sie ernähren sich zwar im wesentlichen von abgestorbenem, organischem Material und sind insofern sogar als nützlich zu bezeichnen, doch ziehen sie unter bestimmten Umständen lebendes Pflanzenmaterial vor und können bedeutenden Schaden anrichten.

Besonders gern werden keimende Saaten, Sämlinge, weiche Wurzeln, zarte Blätter, Blattstengel, Blüten und Blütenstiele angefressen. Der Schaden sieht aus wie Schnek-

Kellerassel (*Oniscus asellus* u. a.).

kenfraß, doch fehlen hier stets die für Schnecken charakteristischen Schleimspuren.

Die Bekämpfung der Kellerasseln erfolgt durch Mesurol-Körner (Wirkstoff: Merkaptodimethur), von denen 3–5 g/10 m² ausgestreut werden. Diese Körner enthalten außer dem Wirkstoff noch ein Lockmittel. Da dieses auf Kellerasseln jedoch nur schwache Wirkung besitzt, ist eine gute, gleichmäßige Verteilung unbedingt notwendig.

Man kann auch Lindan-Staub, 25–35 g/ 10 m², mit etwas feuchtem Sand vermischen und dieses Gemisch gleichmäßig verteilen. Beide Mittel sind mäßig giftig, so daß es ratsam ist, beim Ausstreuen Plastik-Handschuhe zu benutzen.

Abschließend sei darauf hingewiesen, daß im Kapitel ›Sonstige Bekämpfungsmethoden‹ eine weitere Maßnahme gegen Kellerasseln angegeben wird, die in vielen Fällen ebenfalls zum Erfolg führt.

6.6 Tausendfüßler und Zwergfüßler

Diese beiden Schädlinge werden oft miteinander verwechselt, was jedoch vermeidbar ist, wenn man sich einprägt, daß Tausendfüßler ein Paar Füße und Zwergfüßler zwei Paar Füße an jedem Segment besitzen. Segmente sind die ringförmigen Körperglieder, aus denen diese Tiere aufgebaut sind.

Tausendfüßler (*Blanjulus guttulatus* u. a.) leben hauptsächlich von Beutetieren wie Insekten, Würmer, Schnecken, die sie mit einem giftigen Biß töten. Sie sind daher eher nützlich als schädlich.

Schädlich dagegen ist schon eher der Zwergfuß, Zwergfüßler oder auch Gewächshaushauszwergfüßler (*Scutigerella immaculata*), der im übrigen wie der Tausendfüßler einen deutlich erkennbaren, mit einem Fühler-Paar versehenen Kopf besitzt. Zwergfüßler haben die auffallende Eigenschaft, daß sie sich, wenn sie sich bedroht fühlen, wie eine Uhrfeder zusammenrollen. Ihre Nahrung besteht hauptsächlich aus verfaulendem organischem Material. Unter bestimmten Bedingungen und bei sehr zahlreichem Auftreten können sie aber auch an Keimpflanzen, Wurzeln und Blättern verschiedener Pflanzenarten beträchtlichen Schaden anrichten. Mit Vorliebe werden bereits beschädigte Pflanzenteile befallen. Manchmal auch wird das vorhandene, tote organische Material verschmäht, weil es zeitweilig, z. B. durch Austrocknen, als Futter ungeeignet ist. Zwergfüßler treten übrigens hauptsächlich in Böden auf, die reich an noch nicht verrottetem, organischem Material sind.

Man kann, falls überhaupt notwendig, diese Schädlinge bekämpfen, indem man eine Lösung von 2 g Propoxur in 2 l Wasser, ausreichend für 10 m², auf die Topferde gießt. Die

Tierische Schädlinge

auszubringende Menge ist nach der Oberfläche der zu behandelnden Töpfe zu berechnen. Propoxur gibt es auch als Stäubemittel; davon werden 3 g/m² Topfoberfläche ausgebracht. Beide Behandlungen sollte man nach etwa einer Woche wiederholen.

6.7 Milben

Milben sind – wie auch Kellerasseln, Tausendfüßler und Zwergfüßler – keine Insekten, sondern gehören zu den Spinnentieren. Es sind winzige, meist nicht über 1 mm große, dünnhäutige Tiere mit 4 Paar Beinen (Insekten: 3 Paar) und saugenden Mundwerkzeugen. Sie pflanzen sich durch Eier fort und können sich rasch massenhaft vermehren. Von den zahlreichen auf Zimmerpflanzen vorkommenden Arten sind folgende am bekanntesten:

6.7.1 Gemeine Spinnmilbe oder »Rote Spinne«

Diese auf Zimmerpflanzen sehr häufige Art, *Tetranychus urticae,* ist mit bloßem Auge kaum wahrzunehmen. Mit einer wenigstens 10fach vergrößernden Lupe erkennt man auf den befallenen Blättern, besonders auf der Unterseite, zahllose kugelige bis zwiebelförmige Tierchen mit acht verhältnismäßig langen Beinen. Sie sind hell-gelbgrün bis dunkelgrün oder hell rotbraun gefärbt.

Mit ihren Mundwerkzeugen stechen die Milben die Zellen an und saugen den austretenden Zellinhalt auf. Diese Zellen füllen sich mit Luft, wodurch auf den Blättern zahlreiche winzige, silbrige, später graubraune Flecke entstehen. Die Milben verbreiten sich schnell über die ganze Pflanze und fertigen auf den Blattunterseiten ausgedehnte, feine Gespinste an. Die ganze Pflanze erhält schon bald nach beginnendem Befall ein fahles, gelbgraues Aussehen. Die Blätter vergilben schließlich oder vertrocknen nach einiger Zeit stärkeren Befalls völlig.

Spinnmilben kommen auch in der freien Natur sehr zahlreich vor. Die leichten Tiere werden durch den Wind verbreitet und können im Sommer ohne weiteres durch das geöffnete Fenster auch auf unsere Zimmerpflanzen gelangen, sich aber auch von Pflanze zu Pflanze auf der Fensterbank verbreiten.

Zu den Zimmerpflanzen mit besonders häufigem Spinnmilbenbefall gehören u. a.: Ananas *(Ananas comosus),* der Wunderstrauch *(Codiaeum variegatum), Dieffenbachia,* die Drachenlilie *(Dracaena),* die Efeuaralie *(× Fatshedera lizei),* das Springkraut oder Fleißige Lieschen *(Impatiens), Pisonia umbellifera* (hier ist die Spinnmilbe der ärgste tierische Schädling), die Fiederaralie *(Polyscias balfouriana)* und die Zimmerlinde *(Sparmannia africana).* Wärme und trockene Luft fördern den Spinnmilben-Befall. Die Zentralheizung in unseren Wohnungen schafft ein für Spinnmilben außerordentlich günstiges Kleinklima.

Im Handel gibt es eine Reihe von Spinnmilben-Bekämpfungsmitteln (Akariziden), mit denen man, sofern sie wenigstens dreimal hintereinander in Abständen von jeweils 10 Tagen angewandt werden, ein gutes Ergebnis bei der Bekämpfung von Larven und erwachsenen Spinnmilben erzielen kann, nicht dagegen von Eiern. Es handelt sich um Präparate auf der Basis von Dienochlor, Dicofol, Tetradifon und anderen akariziden Wirkstoffen. Unbefriedigend ist der Bekämpfungserfolg meist dann, wenn man die zweite und dritte Behandlung nicht rechtzei-

Blätter des
Fleißigen Lieschens
(Impatiens walleriana),
von der Gemeinen
Spinnmilbe *(Tetra-
nychus urticae)*
befallen.

Alpenveilchen, von
Cyclamenmilben
*(Tarsonemus
pallidus)* befallen.

Unten:
Von Weichhautmilben
(Tarsonemus sp.)
stark befallene Triebe
(Mitte und rechts)
von Azaleen.

Tierische Schädlinge

tig genug ausführt; die aus den Eiern geschlüpften Spinnmilben können inzwischen nämlich schon wieder Eier abgelegt haben. Soll eine Behandlung also ein zufriedenstellendes Ergebnis erzielen, muß man unbedingt dafür sorgen, daß sie regelmäßig und oft genug wiederholt wird.

Man kann Spinnmilben auch bekämpfen, indem man die befallene Zimmerpflanze mehrere Male im Laufe einer Woche umgekehrt unter den Wasserhahn hält und die Blattunterseiten mit einem kräftigen Wasserstrahl sauber abspritzt. Außerdem ist für eine Erhöhung der relativen Luftfeuchtigkeit in der Umgebung der Pflanzen zu sorgen. Etwas hilft es schon, wenn man die Blätter täglich mit einem Sprühgerät befeuchtet.

6.7.2 »Rote Gewächshausspinnmilbe«

Diese neben der vorstehend beschriebenen Gemeinen Spinnmilbe an Zierpflanzen vorkommenden Milben *(Brevipalpus obovatus)* sind noch kleiner, nämlich kaum 0,3 mm, und daher nur mit einer starken Lupe zu erkennen. Sie sind oval geformt, flach und – wie auch ihre Eier – hellkarminrot gefärbt. Obwohl sie oft in großer Zahl vorkommen, ist es für das ungeübte Auge kaum möglich, diesen Schädling auszumachen. Man kann auf seine Anwesenheit schließen, wenn sich das Pflanzengewebe ziemlich rasch braun verfärbt und schließlich abstirbt.

Ein häufiges Opfer dieses Schädlings sind Kakteen, die ein rostbraunes Aussehen erhalten und rasch eingehen. Überhaupt kommt dieser Milbenart besondere Bedeutung zu für Kakteen, Sukkulenten und Pflanzen mit etwas lederartigen Blättern. Weitere bevorzugte Wirtspflanzen sind: der Efeu *(Hedera)*, die Klimme *(Cissus)*, das Usambaraveilchen *(Saintpaulia)*, die Zim-

meraralie *(Fatsia)*, der Zwergpfeffer *(Peperomia)*, die Wachsblume *(Hoya)* und vor allem Azaleen.

Im Gegensatz zu der Gemeinen Spinnmilbe fertigt die Rote Gewächshausspinnmilbe keine Gespinste an. Die Entwicklung dieses Schädlings verläuft im Zimmer recht schnell. Die weiblichen Tiere legen während ihrer kurzen Lebensdauer ungefähr 60 Eier ab, die sie mit Vorliebe entlang den Blattnerven bzw. in die Vertiefungen des Kaktuskörpers absetzen. Bei gewöhnlicher Zimmertemperatur kann sich alle sechs Wochen eine neue Generation entwickeln.

Es genügt aber nicht, daß man den Urheber des Schadens kennt und entdeckt, es kommt das Problem seiner Bekämpfung hinzu. Die Rote Gewächshausspinnmilbe kann wirksam nur bekämpft werden mit Mitteln auf der Basis von Dicofol oder Chlorbenzilat. Mittel mit diesen Wirkstoffen sind aber leider gewöhnlich nur in großen Packungen erhältlich. Die Behandlung sollte nach zwei bis drei Wochen wiederholt werden; die Körper bzw. Blätter der Kakteen müssen dabei von allen Seiten gründlich befeuchtet werden.

6.7.3 Weichhautmilben, Cyclamenmilben

Cyclamenmilben – *Tarsonemus pallidus* – können zu einer wahren Katastrophe auf der Fensterbank werden, da sie in der Lage sind, auf vielen Wirtspflanzen im Zimmer zu leben. Außer auf Alpenveilchen *(Cyclamen)* findet man sie auf Efeu *(Hedera)*, Klimme *(Cissus)*, Zimmeraralie *(Fatsia)*, Efeuaralie *(×Fatsia)*, Strahlenaralie *(Schefflera)*, Usambaraveilchen *(Saintpaulia)*, Gloxinie *(Sinningia)*, *Columnea*, Glanzkölbchen *(Aphelandra)*, Kletterficus *(Ficus pumila)*, Kalanchoë, Pelargonie *(Pelargonium)*, Ritterstern *(Hippeastrum)*, Orchideen usw. Auch diese Milben sind so klein, daß der Pflanzenfreund sie mit unbewaffnetem Auge unmöglich sehen kann. Ihre Körper sind farblos oder schwach gelblichbraun gefärbt und von runder bis ovaler Gestalt. Der Befall unserer Zimmerpflanzen erfolgt normalerweise nur durch Einbringen bereits befallener Pflanzen. Es ist daher zu begrüßen, daß die Gärtner bemüht sind, dem Handel bzw. den Blumenversteigerungen unbedingt nur gesundes Material anzuliefern.

Eine Bekämpfung der Weichhautmilbe kommt für den Liebhaber nicht in Betracht. Er tut gut daran, befallene Pflanzen sofort zu vernichten, sobald er eines oder mehrere der nachstehend genannten Symptome feststellt: An Blüten, z. B. von *Cyclamen*, entstehen Mißbildungen, die Blütenblätter kräuseln sich oder zeigen korkartige Streifen. Die Blätter sind ebenfalls mißgebildet und mehr oder weniger kraus, und auch hier tritt, vor allem auf der Blattunterseite, Korkbildung auf. An jungen Trieben werden gar keine oder nur teilweise entwickelte Blätter gebildet. Letzteres Symptom findet man besonders beim Efeu, *Hedera,* einer Hauptwirtspflanze der Cyclamenmilbe.

6.7.4 Breitmilbe, Begonienmilbe

Für diese Milbenart gilt im wesentlichen das auch für die Weichhautmilbe Gesagte. Auch sie kommt nicht »selbständigen Fußes« in das Zimmer. Nur wenn man eine bereits befallene Pflanze erhält, was jedoch erfreulicherweise verhältnismäßig selten vorkommt, kann man es mit dieser Milbe zu tun kriegen.

Das Schadbild ist in etwa das gleiche wie bei der Weichhaut- bzw. Cyclamenmilbe, und auch hier ist es ratsam, die befallene Pflanze möglichst bald zu vernichten.

Breitmilben kommen hauptsächlich vor bei Glanzkölbchen *(Aphelandra),* *Begonia,* Klimme *(Cissus),* Kroton oder Wunderstrauch *(Codiaeum),* Gummibaum *(Ficus),* Efeu *(Hedera)* und der Drehfrucht *(Streptocarpus).*

6.8 Springschwänze

Springschwänze (Collembolen) sind kleine, 1–4 mm lange, flügellose, sehr bewegliche Insekten, die verschiedenen Gattungen angehören. Die meisten Arten besitzen auf der Bauchseite eine lange »Sprunggabel«, mit deren Hilfe die Tiere bei Gefahr schnell und weit fortspringen können. Die Farbe der Springschwänze variiert je nach Art von weiß bis blauschwarz. Sie können nur in hoher Luftfeuchtigkeit leben. Außer auf der Topferde sieht man sie häufig auch auf der Außenseite von Blumentöpfen, die in Übertöpfen stehen. Obwohl Springschwänze manchmal in großer Zahl vorkommen und den Pflanzenfreund beunruhigen, richten sie jedoch nur selten echten Schaden an. Sie ernähren sich hauptsächlich von Pilzen, Algen, Älchen und zerfallender organischer Substanz, und nur gelegentlich von zarten, saftigen Teilen lebender Pflanzen, wie keimende Samen und die jungen Blätter von Sämlingen.

Die Anwesenheit von Springschwänzen ist meist ein Zeichen dafür, daß die Kultur- und Pflegemaßnahmen zu wünschen übrig lassen. Vor allem fördern ein nasser Boden oder eine ungünstige Struktur desselben ihr Auftreten. Man kann versuchen, den Befall zu vermindern, indem man den Boden trockener hält oder die Pflanze in frische Erde umtopft, wobei möglichst viel der alten Erde entfernt werden sollte. Sind die Springschwänze trotzdem noch nicht verschwunden, kann man notfalls die Oberfläche der Topferde mit ein wenig Lindan-Pulver bestäuben.

6.9 Ohrwürmer

Ohrwürmer *(Forficula auricularia)* sind lichtscheue, wärmeliebende, 1–2 cm lange, dunkelbraune Insekten, die an ihrem Hinterleib zwei zangenförmige Anhängsel tragen. Mit ihren beißenden Mundwerkzeugen fressen sie alles, mit Vorliebe jedoch tierische Nahrung. Sie können sich sogar etwas nützlich machen, da sie z. B. Blattläuse, kleine Kellerasseln und dergleichen vertilgen. Da sie aber auch zarte pflanzliche Kost nicht verschmähen, muß man sie doch zu den schädlichen Insekten zählen.

Zu dieser zarten pflanzlichen Kost gehören vornehmlich Blüten, die von den Tieren völlig oder teilweise an- oder abgefressen werden. Jedem Gartenfreund dürfte die Vorliebe der Ohrwürmer für Dahlien-Blüten, aber auch für die zarten Blütenblätter der Chrysanthemen, Nelken und Rosen, gut bekannt sein. Außerdem werden auch junge Blätter, junge Triebe und Knospen verzehrt oder angefressen.

Auffallend und typisch für den Schaden an Blüten und jungen Blättern ist der fein faserige Rand der Fraßstelle. Da Ohrwürmer Nachttiere sind, sieht man meist nur den Schaden und nicht die Urheber. Tagsüber verbergen sich die Tiere unter Erdklumpen, unter abgefallenen Blättern, aber auch in feuchten Lappen und sogar in Waschtischen. Die jungen Ohrwürmer, die äußerlich ihren Eltern gleichen, leben vornehmlich unterirdisch.

Zur Bekämpfung streut man etwas Lindan-Staub auf die Topferde oder begießt die Oberfläche mit einer Lösung von 1 g oder 1 ml Lindan 14% auf 1 l Wasser. Diese Behandlung muß einige Male in 14tägigen Abständen wiederholt werden.

Oft hilft auch schon die Schaffung künstlicher Schlupfwinkel wie Holzwolle, Strohwische und dergleichen, die von den Ohrwürmern gern aufgesucht werden, und in denen man diese lichtscheuen Tiere fangen und vernichten kann.

6.10 Schaben, Kakerlaken

Schon beim Hören dieses Namens läuft vielen Menschen ein Schauer über den Rücken. Sicher nicht zu Unrecht, denn es ist eine Tatsache, daß Kakerlaken immer häufiger in Häusern und Wohnungen auftreten.

Über ihre Herkunft herrscht meist Unklarheit. Man kann sie sich einschleppen mit den oft aus fernen Ländern stammenden Kartons und sonstigen Verpackungen, die in den Supermärkten von vielen Menschen benutzt werden, um ihre Waren nach Hause zu bringen. Möglicherweise spielt auch die heutige Sucht eine Rolle, möglichst viele aus den Tropen kommende Pflanzen auf die Fensterbank zu stellen.

Die verschiedenen Kakerlaken-Arten sind Kosmopoliten, das heißt, sie sind über die ganze Erde verbreitet. Es sind Allesfresser, die das Tageslicht scheuen und nachts auf Nahrungssuche gehen. Sie sind bevorzugt an dunklen, feuchten und warmen Plätzen zu finden.

Kakerlaken sind flache, in ausgewachsenem Zustand geflügelte, hell- bis dunkelbraune Insekten von ungefähr – je nach Art – 15–30 mm Länge, mit auffallend langen Fühlern. Es ist in erster Linie die graugelbe Surinamische Schabe *(Pycnoscelus surinamensis)*, die auf der Fensterbank, aber noch häufiger im Gewächshaus oder Mistbeetkasten Schaden anrichtet. Dieser besteht darin, daß zarte Pflanzenteile, wie Keimpflanzen, die Bulben, Luftwurzeln und Blüten von Orchideen sowie die Rinde von Poinsettienstengeln angefressen werden.

Zur Bekämpfung der Schaben kann man die Topferde, die Erde im Blumenfenster und die bedrohten Pflanzen selbst gegen Abend z. B. mit Lindan-Staub 0,7%, Undeen-Staub 2% oder Diazinon-Staub 1,7% bestäuben. Diese Behandlung sollte man in Abständen von etwa einem Monat ein oder mehrere Male wiederholen. Auch sind einige spezielle Schaben-Köderpräparate im Handel.

Nach der letzten Behandlung empfiehlt es sich, regelmäßig zu kontrollieren, ob noch Kakerlaken oder neue Fraßschäden zu finden sind. Daneben ist selbstverständlich – nicht nur gegen Schaben – äußerste Sauberkeit oberstes Gebot. Dies gilt auf für die Bekämpfung der Gewächshausheuschrecke.

6.11 Gewächshausheuschrecke

Diese in China und Japan heimische Heuschreckenart *(Tachycines asynamorus)* ist mit Pflanzenmaterial nach Europa eingeschleppt worden, nach Deutschland angeblich in den neunziger Jahren des vorigen Jahrhunderts. Es sind braun-marmorierte, 2–3 cm große, mit sehr langen Fühlern ausgestattete Insekten, die sich tagsüber in Ritzen und Spalten versteckt halten. Der lange Fortsatz am Hinterleib ist der Legebohrer des Weibchens für die Eiablage.

Schabe oder Kakerlake *(Pycnoscelus surinamensis)* mit abgelegtem Eipaket.

Da die relative Luftfeuchtigkeit im Zimmer in der Regel zu niedrig ist, trifft man diese Tiere hier nur selten an. Im Wintergarten oder Gewächshaus dagegen zählen sie durchaus nicht zu den Seltenheiten. Des Nachts gehen die Gewächshausheuschrecken auf Suche nach Nahrung, die hauptsächlich tierischer Art ist und aus toten und lebenden Insekten besteht. Sie sollen sogar vor dem Fraß der eigenen Artgenossen nicht zurückschrecken. Unter bestimmten Bedingungen werden sie aber auch zu Schädlingen, indem sie junge Pflanzen verzehren und ältere anfressen. Ihre Vorliebe gilt zarten Keimlingen und besonders saftreichen Pflanzenteilen.

Da Gewächshausheuschrecken gegen einige Insektizide ziemlich widerstandsfähig sind, sollte man anstreben, der Plage durch Wegfangen und Vernichten der Tiere ein Ende zu bereiten. So kann man versuchen, die

Tierische Schädlinge

Tiere mit Fleischresten in künstliche Verstecke, z. B. umgekehrte Blumentöpfe, zu locken und diese Fallen täglich zu kontrollieren. Daneben können bei stärkerem Befall auch die für Schaben empfohlenen Insektizide und Ködermittel angewandt werden. Außerdem ist auch wegen dieses Schädlings im Gewächshaus oder Wintergarten auf äußerste Sauberkeit und Hygiene zu achten.

6.12 Thrips

Thripse, auch Blasenfüße oder Fransenflügler genannt, kommen auf Zimmerpflanzen häufig vor und sind besonders nach der allgemeinen Einführung der Zentralheizung zu einer ständig anwachsenden Plage geworden.

Die Anwesenheit dieser Schädlinge wird meistens erst bemerkt, wenn sich eine große Zahl von ihnen auf den Pflanzen befindet. Thripse sind etwa 1–2 mm lange, sehr schlanke Insekten mit zwei Paar gefransten Flügeln, mit denen sie von einer Pflanze zur anderen fliegen können. Die häufigste Art, der Gebänderte Gewächshausblasenfuß (*Parthenothrips dracaenae*), trägt eine deutliche schwarz-weiße Zeichnung auf dem Rücken, die selbst mit bloßem Auge noch wahrnehmbar ist. Die Weibchen legen mit Hilfe ihres Legebohrers etwa 60 Eier in das Blattgewebe hinein ab. Schon nach acht Tagen schlüpfen die Jungtiere aus den Eiern, und unter günstigen Umständen vollzieht sich in etwa dreißig Tagen ein vollständiger Generationswechsel.

Der Großteil der weiß-gelben, langgestreckten Larven hält sich, im Gegensatz zu den ausgewachsenen Tieren, stets in Gruppen auf der Unterseite der Blätter auf.

Durch das Anstechen und Aussaugen der Pflanzenzellen entstehen auf den Blättern gelbgrüne bis grauweiße Flecke. Die leeren Zellen füllen sich mit Luft, das hierauf fallende Licht wird reflektiert, und die Flecke erhalten ein silbriges Aussehen. Einen solchen typischen Thrips-Schaden, silbrig schimmernde Blätter, kann man besonders deutlich am Gummibaum *(Ficus elastica)* beobachten. In einem fortgeschrittenen Stadium vertrocknen und verdorren die befallenen Pflanzenteile.

Außer dem bereits erwähnten *Parthenothrips dracaenae* kommen, vor allem in Gewächshäusern, wohl noch einige weitere Arten vor; der von ihnen verursachte Schaden ist im wesentlichen gleich.

Obwohl grundsätzlich die meisten Zimmerpflanzen befallen werden können, zeigen die Blasenfüße doch eine Vorliebe für *Ficus*-Arten, Kroton *(Codiaeum)*, Keulenlilie *(Cordyline)*, Drachenlilie *(Dracaena)*, Zyperngras *(Cyperus papyrus)* und Fleißiges Lieschen *(Impatiens)*.

Die im Zimmer vorkommenden Arten vermehren sich am schnellsten bei Trockenheit und Wärme, und daran fehlt es, besonders in den zentralgeheizten Räumen, gewöhnlich nicht. Daraus folgt, daß allein schon die Erhöhung der relativen Luftfeuchtigkeit als eine Bekämpfungsmaßnahme gegen Thrips anzusehen ist.

Das Gefüllthalten der Verdunstungsgefäße an den Heizkörpern sowie das tägliche Befeuchten der Blätter tragen dazu bei, dem Thrips-Befall vorzubeugen. Überraschend gute Erfolge lassen sich auch erzielen durch wiederholtes Abbrausen der Blätter mit lauwarmem Wasser in der Badewanne, sofern die Größe der Pflanzen dies zuläßt.

Zur chemischen Bekämpfung eignen sich Mittel auf der Basis von Tetramethrin, Pro-

Gewächshausheuschrecke *(Tachycines asynamorus)*.

Von Thrips befallenes Blatt des Gummibaumes *(Ficus elastica)*.

Tierische Schädlinge

poxur, Dichlorvos und Diazinon, die man als Spritz- oder Stäubemittel auf die Pflanzen ausbringt. In Anbetracht der raschen Generationen-Folge ist es ratsam, mehrere Behandlungen in zehntägigen Abständen vorzunehmen.

6.13 Raupen

Raupen sind die Larven von Schmetterlingen. Obwohl bei uns viel Schmetterlingsarten vorkommen, gibt es doch nur einige wenige, deren Raupen an Zimmerpflanzen Schaden verursachen. In den meisten Fällen handelt es sich um Raupen von Eulenfaltern, z. B. solche der Gammaeule *(Plusia gamma)*, der Kohleule *(Barathra brassicae)* oder der Gemüseeule *(Polia oleracea)*.
Raupen besitzen einen harten, deutlich erkennbaren Kopf mit beißenden Mundwerkzeugen, drei Paar segmentierter Brustbeine und eine Anzahl nicht segmentierter Beine am Hinterleib. Sie sind meistens nicht behaart und sehr verschiedenartig gefärbt.

Eulenraupenfraß an Geranienblättern.

Man fragt sich oft, wie die Raupen auf die Zimmerpflanzen gelangen, doch wird es sich in den meisten Fällen wohl so verhalten, daß ein Schmetterling irgendwann einmal in das Zimmer geflogen und einige Eier auf die Pflanze abgelegt hat, aus denen, von uns unbemerkt, die anfangs noch winzigen Räupchen schlüpfen. Auch auf Zimmerpflanzen, die den Sommer über im Garten gestanden haben und im Herbst wieder hereingeholt werden, können Eier abgelegt sein.
Der Schaden besteht in der Regel aus unregelmäßigen Fraßstellen an den Blatträndern, während sich auf der Fensterbank schwarze Körnchen, die Ausscheidungen der Raupen, ansammeln. Oft kann man den Schädling selbst gar nicht finden, weil die Raupen wie Pflanzenteile grün oder braun gefärbt und dadurch hervorragend getarnt sind. Manche verstecken sich auch tagsüber unter Erdklümpchen und dergleichen. Da fast immer nur einige wenige Raupen auftreten, sollte man sich die Mühe machen, sie von der Pflanze abzulesen.
Es lohnt sich nicht, die ganze Pflanze mit einem Insektizid zu behandeln. Nur bei übermäßigem Befall durch die Raupen wird man zu dieser Maßnahme greifen. In diesem Falle sollte man mit Tetramethrin-, Bromophos- oder Pyrethrum/Rotenon-haltigen Präparaten spritzen und diese Behandlung nach ungefähr einer Woche wiederholen. Die Wirkung dieser etwas harmloseren Präparate, vor allem gegen ältere Raupenstadien, läßt jedoch häufig einiges zu wünschen übrig.
Ein guter Rat ist, die befallene Pflanze abends über einen Bogen Papier zu halten und kräftig zu rütteln. Raupen lassen sich dann meistens fallen und können vernichtet werden.

6.14 Humusfliegen, Moosfliegen

Von den zu den Trauermücken gehörenden Moos- oder Humusfliegen (*Lycoria coprophila* u. a.) sieht man im allgemeinen nur die kleinen, 2–3 mm messenden, meist schwarzen Imagines (Imago = das nach Verwandlung fertige Vollinsekt), die in großer Zahl auf oder unmittelbar über der Topferde schwärmen, an der Fensterscheibe sitzen oder tot auf der Fensterbank liegen. Eingeschleppt werden die Larven der Fliegen meist mit dem in der Erde verwendeten Torfmoos *(Sphagnum)*.

Die kleinen Fliegen legen ihre Eier in die humusreiche, feuchte Erde; aus ihnen entwickeln sich 6–7 mm lange, glasig-weiße, glänzende Larven mit schwarzem Kopf. Diese ernähren sich von allerlei verrottenden und abgestorbenen Pflanzenteilen, eine direkte Schädigung unserer Zimmerpflanzen durch Humusfliegen ist somit nicht zu befürchten.

Es gibt jedoch einige Arten, die ausschließlich in Gewächshäusern leben und unter bestimmten Bedingungen schädlich werden können. Am häufigsten sind Schäden an Farn-Aussaaten. Orchideen können Humusfliegen indirekt dadurch schaden, daß sie das Kultursubstrat völlig durchfressen und in eine feinkrümelige, sich schnell zersetzende und vererdende Masse verwandeln, in der die Orchideenwurzeln, besonders der Jungpflanzen, an Luftmangel eingehen.

Wie bereits erwähnt, kommt dieses Insekt nur in humoser, feuchter Erde vor. Da die heutigen Gärtnererden viel Humus enthalten, ist diese Voraussetzung zu einem Teil erfüllt. Und da die Larven zudem nur in einem feuchten Substrat leben können, sind viele von ihnen zum Absterben verurteilt, wenn die Erde etwas trockener gehalten wird. Mit anderen Worten: Wer seine Pflanzen sehr feucht hält, gibt den Humusfliegen eine Lebenschance. Wer jedoch mit dem Ergebnis des Trockenhaltens der Topferde noch nicht zufrieden ist, und wer echten Schaden durch die Larven feststellen zu können glaubt, der kann eventuell durch Bestäuben der Erde mit einem Endosulfan-Stäubemittel die Population auf ein erträgliches Maß reduzieren.

6.15 Minierfliegen

Die ausgewachsenen Minierfliegen *(Phytomyza atricornis)* können nicht im Hause leben. Entweder hat man befallene Pflanzen bereits als solche erhalten, oder die Pflanzen werden befallen, während sie in den Sommermonaten draußen im Garten stehen. Besonders häufig sind Minierfliegen auf Topfchrysanthemen, Fuchsien, Pelargonien und Primeln anzutreffen.

Die Larven dieser Fliegen legen silbrig-weiße, gewundene Fraßgänge dicht unter der Blattoberhaut an. Bei einigen Arten sind die Gangmuster so charakteristisch, daß Fachleute bereits danach die Minierfliegen-Art bestimmen können. Die Fraßgänge mindern nicht nur erheblich den Zierwert der Pflanze, sie haben auch, besonders wenn sie sehr zahlreich sind, eine Reduzierung des Wachstums zur Folge, da ja auch die Menge des assimilierenden Blattgrüns zurückgeht.

Die Entwicklung der Minierfliegen erfolgt vor allem im Sommer schnell; der gesamte Zyklus kann in dieser Jahreszeit in nur 30 Tagen ablaufen. Da die Larven geschützt im Innern des Blattes leben, kann man mit den üblichen Bekämpfungsmitteln nicht viel ausrichten. Am besten dürfte es sein, bei nur schwachem Befall die Maden in den Minen zu zerdrücken und die zu unansehnlich gewordenen Blätter abzupflücken und zu verbrennen.

6.16 Gefurchter Dickmaulrüßler

Gefurchte Dickmaulrüßler *(Otiorrhynchus sulcatus)* sind Käfer, die vor allem in waldreichen Gegenden in der freien Natur vorkommen. Ihre zahlreichen natürlichen Feinde sorgen aber dafür, daß sie nur selten schädlich werden. Anders jedoch, wenn diese Käfer unsere Zimmerpflanzen heimsuchen; sie haben eine besondere Vorliebe für Alpenveilchen *(Cyclamen)*, Fuchsien *(Fuchsia)*, *Rhododendron* und sukkulente Pflanzen.

Es sind im übrigen nicht so sehr die Käfer, die den Schaden verursachen, als vielmehr die Larven, die zu einer wahren Plage werden können. Die Käfer sind schwarzbraun und etwa 1,5 cm groß; sie können nicht fliegen, aber umso besser laufen. Im Mai/ Juni legen sie bis zu 1000 Eier je Weibchen in den Boden, aus denen gelbweiße, fußlose Larven schlüpfen, die etwa 1,5 cm lang werden, leicht bauchwärts gekrümmt sind und einen verhältnismäßig harten, hellbraunen Kopf besitzen. Sie fressen an Wurzeln, Knollen und unterirdischen Stengelteilen und verursachen dadurch Kümmern und vorzeitiges Absterben der Pflanzen.

Dieses ziemlich unvermittelte Eingehen der Pflanzen, bedingt durch indirekten Wassermangel infolge Fehlens der Wurzeln, sowie die von den Käfern in die Blätter gefressenen halbmondförmigen Löcher sind Symptome, die auf die Anwesenheit des Gefurchten Dickmaulrüßlers schließen lassen.

Die versteckte Lebensweise der Larven, deren Widerstandsfähigkeit gegen Winterfröste sowie das Fehlen wirklich gut wirkender Bekämpfungsmittel können dem Pflanzenfreund den Mut nehmen, etwas zur Bekämpfung dieses Schädlings zu unternehmen.

Befallene Pflanzen kann man dadurch zu retten versuchen, daß man das Wurzelwerk völlig von Erde befreit und damit viele Larven und Eier beseitigt. Zusätzlich kann man das Wurzelgeflecht noch gründlich mit Wasser abspülen. Danach wird die Pflanze in einen neuen Topf mit frischer Erde gepflanzt, während die alte Erde samt Tontopf beseitigt wird. Vorsicht mit frischer Moor-, Heide- und Walderde, da man sich damit erneut Larven einschleppen kann. Plastiktöpfe können mit warmem Wasser und Seife entseucht werden.

Was die Bekämpfung der Käfer betrifft, dürfte das Bestäuben des Bodens z. B. mit einem Endosulfan-Präparat einen gewissen Erfolg bringen. Außerdem kann man versuchen, die Käfer in umgestülpten Blumentöpfen, die mit einem Knäuel Holzwolle gefüllt sind, zu fangen. Diese Töpfe stellt man in der Nähe der Pflanzen auf, wobei man unter den Topfrand ein Steinchen oder dergleichen legt, damit die Käfer in die Holzwolle kriechen können. Morgens werden diese Fallen kontrolliert und die sich darin befindlichen Käfer vernichtet.

Fraßgänge von Larven der Minierfliege *(Phytomyza atricornis)* an Chrysanthemenblättern.

Gefurchter Dickmaulrüßler *(Otiorrhynchus sulcatus).*

Larven des Dickmaulrüßlers *(Otiorrhynchus sulcatus)* an *Cyclamen*-Knolle.

73

Tierische Schädlinge

6.17 Ameisen

Die von Natur aus bei uns vorkommenden Ameisenarten (*Lasius niger* u. a.) kann man nicht als unmittelbare Schädlinge unserer Zimmerpflanzen ansehen.

Ameisen haben die leidige Gewohnheit, auf Süßigkeiten erpicht zu sein. Sie finden diese in unseren Wohnungen, in die sie auf bequeme Weise von ihren Nestern unter dem Rasen oder den Terrassenziegeln gelangen. Die begehrte Süßigkeit besteht aber nicht nur aus verschütteten Zucker- und Süßspeiseresten; Blatt- und Schildläuse produzieren den sogenannten Honigtau, zuckerreiche Ausscheidungen, nach denen Ameisen ebenfalls geradezu gierig sind.

Die Ameisen, die die Blatt- und Schildläuse betreuen, beschützen und – wie gesagt wird – sogar an neue Saugstellen verfrachten, machen sich durch diese Aktivität indirekt schuldig an der Verbreitung der genannten Schädlinge. Auch zur Ausbreitung von Viruskrankheiten können sie auf diese Weise indirekt beitragen. Im übrigen haben Ameisen die Blatt- und Schildläuse auf unseren Zimmerpflanzen meist viel eher wahrgenommen als der seine Schützlinge betreuende Pflanzenfreund. Ihre emsige Betriebsamkeit auf den Pflanzen sollte deshalb Anlaß für ihn sein, diese einmal sorgfältig auf Befall mit Blatt- oder Schildläusen zu untersuchen.

Sowie die Blatt- und Schildläuse vernichtet sind, hört das Interesse der Ameisen am Besuch der Pflanzen auf, und sie verschwinden von selbst. Nur in den seltensten Fällen wird es daher nötig sein, direkt gegen die Ameisen vorzugehen. Dafür eignen sich chemische Spezial-Präparate, meist insektizide Gieß-, Streu- oder Ködermittel z. B. auf Lindan-Basis.

Wie bereits ausgeführt, sind die bei uns heimischen Ameisenarten zwar oft recht lästig, direkte Pflanzenschädlinge sind sie aber nicht. Dies kann man leider nicht behaupten von verschiedenen tropischen Ameisenarten, die mit exotischen Pflanzen aus fernen Landen gelegentlich einmal bei uns eingeschleppt werden. Darunter befinden sich Arten, wie z. B. die lästige, gefürchtete und berüchtigte Pharao-Ameise *(Monomorium pharaonis),* die zu einer echten Plage werden können.

Glauben Sie nicht, daß Ihnen das nicht passieren kann; ein großer Teil des heutigen Zimmerpflanzen-Sortimentes nämlich kommt aus den tropischen oder subtropischen Gebieten der Erde. Sollten Sie also plötzlich beim Kauf einer Pflanze Ameisen entdecken, die anders aussehen als die, die Sie vom Garten, von der Terrasse oder der Küche her kennen, so empfiehlt es sich, einige Exemplare davon an die zuständige Pflanzenschutzbehörde, an ein Gesundheitsamt oder ein Tropeninstitut zu schicken oder selbst dorthin zu bringen. Wenn es sich tatsächlich um eine gefährliche Art handelt, wird diese Dienststelle Ihnen in bezug auf die Bekämpfung Rat erteilen. Rechtzeitiges Erkennen der Gefahr kann Ihnen und möglicherweise auch Ihren Nachbarn viele Unannehmlichkeiten ersparen.

6.18 Blattläuse

Wenn bei Pflanzenfreunden ein Insekt das Gesprächsthema ist, dann sind das fast immer Blattläuse. Von einem Tag zum anderen können anscheinend völlig gesunde Pflanzen plötzlich voll davon sitzen.

Die Diagnose beim Entdecken von Blattläusen ist oft schnell gestellt: »Die Pflanze hat

Starker Blattlausbefall.

Ameisen (*Lasius niger* u. a.)
in Blattlauskolonie.

Starker Blattlausbefall
an Cinerarie (*Senecio-
Cruentus*-Hybride).

Tierische Schädlinge

im Zug gestanden.« Bei dieser Feststellung mögen aber doch einige Zweifel angebracht sein. Irgendwo müssen nämlich Läuse bereits vorhanden sein, sie können nicht plötzlich aus dem Nichts entstehen.

Besonders im Frühjahr treten in der freien Natur große Läuseflüge auf, und bei Zug und offenen Fenstern können ohne weiteres Blattläuse mit der Luft von draußen in unser Zimmer und auf die Pflanzen gelangen. Hinzu kommt, daß eine Pflanze, die im Zug steht, infolge der stark wechselnden Temperaturen oft etwas geschwächt und anfälliger ist, so daß ein beginnender Blattlausbefall sich schnell ausbreiten kann. Im übrigen hat es den Anschein, daß man in Wohnungen von Nichtrauchern häufiger unter Läuseplagen zu leiden hat; vermutlich beruht dies auf der hohen Empfindlichkeit der Blattläuse gegen Nikotindämpfe.

Wir kennen allein in Deutschland etwa 800 Blattlausarten. Es gibt kaum eine Zimmerpflanze, die nicht von irgendwelchen Blattläusen befallen werden kann. Die am häufigsten auf Zimmerpflanzen anzutreffende Blattlaus ist die zu den wirtswechselnden Arten gehörende Grüne Pfirsichblattlaus *(Myzus persicae)*. Sie ist recht klein (2–3 mm), zart, grünlich und bewegt sich nur träge. Wenn man sie mit der Lupe betrachtet, gewahrt man an ihrem Hinterleib zwei kurze, Wachströpfchen ausscheidende Röhrchen, die sogenannten Siphonen. Es gibt im Laufe des Entwicklungszyklus der Blattläuse, meist zum Hochsommer hin, auch geflügelte Exemplare, doch werden in der Geborgenheit des Zimmers überwiegend flügellose, lebendgebärende Weibchen angetroffen.

Das Fortpflanzungsvermögen der Blattläuse ist ungeheuer groß, weniger durch die Anzahl der Nachkommen pro Weibchen als durch die schnelle Generationenfolge. Eine weibliche Laus kann bis zu 150 Jungläuse lebend gebären, die unter günstigen Bedingungen ihrerseits auch schon wieder nach 7–10 Tagen Läusebabys hervorbringen können. Dies erklärt, warum Pflanzen schon innerhalb erstaunlich kurzer Zeit total verseucht sind.

Blattläuse besitzen stechend-saugende Mundwerkzeuge, mit denen sie das Pflanzengewebe anstechen. Sobald der Saugrüssel in den Saftstrom taucht, wird die Nahrung durch den in der Pflanze herrschenden Druck gewissermaßen von selbst in die Blattlaus gepumpt. Läuse müssen, um ihren Eiweißbedarf zu decken, sehr viel von dem zuckerreichen, aber eiweißarmen Pflanzensaft aufnehmen. Von dem aufgenommenen Zucker wird von den Läusen selbst nur wenig verbraucht, der größte Teil passiert ihren Körper und wird in Form von glasklarem, stark klebrigen »Honigtau« mit dem Kot wieder ausgeschieden.

Dieser Honigtau ist ein vorzüglicher Nährboden für eine ganze Anzahl von Pilzen, die sich üppig entwickeln und eine starke Verunreinigung der Pflanzen hervorrufen. Wir sprechen von Rußtau- oder Schwärzepilzen. Ameisen sind versessen auf den Honigtau der Blattläuse und schützen ihre »Milchkühe« gegen ihre natürlichen Feinde. Auch sollen sie – wie schon bei der Besprechung der Ameisen erwähnt – notfalls die Jungläuse an ihnen sicherer und ergiebiger erscheinende Futterplätze verfrachten. Der Läusebefall kann auf diese Weise nicht unerheblich gefördert werden.

Die allgemeine Verschmutzung der Blätter durch Läusebefall und Rußtaupilze vermag die Assimilation naturgemäß mehr oder weniger zu beeinträchtigen.

Wenn Läuse das Blatt anstechen, gelangt

durch ihren Saugrüssel etwas Speichel in das Blatt, der auf das Pflanzengewebe eine gewisse Reizwirkung ausübt. Dieser Speichel ist mehr oder weniger giftig und verursacht bei verschiedenen Pflanzen, besonders an jüngeren Blättern, Kräuselungen, Blattrollen, Gallen und andere Mißbildungen.

Namentlich sei hier die Butterblumenlaus (*Aulacorthum solani*) genannt, die erheblichen Schaden anrichten kann.

Weitere Reaktionen sind Vergilben, Vertrocknen und Absterben der Blätter. Mehrere Läusearten, insbesondere die obligatorisch wirtswechselnden, sind sogar in der Lage, gefährliche pflanzliche Viruskrankheiten zu übertragen.

Da die gewöhnlich trockene Luft und die Wärme im Wohnzimmer das Auftreten von Blattläusen stark begünstigen, sei dringend empfohlen, die Zimmerpflanzen regelmäßig auf das Vorkommen dieser Schädlinge zu untersuchen. Sobald die ersten Läuse wahrgenommen werden, können folgende Bekämpfungsmaßnahmen dagegen ergriffen werden:

- Behandlung der Pflanzen mit einer Sprühdose, die Pirimicarb, Diazinon, Dichlorvos oder ein anderes anerkanntes Blattlausbekämpfungsmittel enthält.
- Spritzen mit Pirimicarb, Dichlorvos, Unden-Spritzpulver oder einem anderen Blattlausbekämpfungsmittel.
- Butoxycarboxim oder andere systemisch wirkende Insektizide enthaltende Stäbchen oder Zäpfchen in den Boden stecken. Der Wirkstoff wird im Boden gelöst und gelangt über die Wurzel in die Pflanze.
- Ausstreuen von Präparaten in Körnchenform, z. B. Croneton-Granulat, deren Wirkstoff ebenfalls systemisch über die Wurzel in die Pflanze gelangt.

Die rasche Entwicklung der Blattläuse macht es notwendig, die Bekämpfung einige Male, etwa in wöchentlichen Abständen, zu wiederholen. Bei nur geringem Befall kann man versuchen – und das ist ein Paradebeispiel für die biologische Schädlingsbekämpfung –, mit blattlausfressenden Marienkäferchen, die man im zeitigen Frühjahr draußen in der freien Natur sammelt, der Plage Einhalt zu gebieten.

Bezüglich der Bekämpfung der Blattläuse mit nicht chemischen Mitteln sei auch auf Kapitel 11 ›Sonstige Bekämpfungsmethoden‹ verwiesen.

6.19 Schildläuse

Schmier- oder Wolläuse, Napfschildläuse und Deckelschildläuse sind eng miteinander verwandt, auch wenn es auf den ersten Blick nicht so scheint.

Am auffallendsten sind die Schmier- oder Wolläuse, die Citrus-Wollaus (*Pseudococcus citri*) u. a. Man findet sie als kleine, weiße, wattebauschähnliche Pfröpfchen in den Blattachseln und auf der Blattunterseite zahlreicher Wirtspflanzen. Wie Blattläuse vermehren auch sie sich sehr schnell. Die Laus selbst ist ohne Schild, frei beweglich, rosa bis hellbraun, mit mehligfeinen, weißen Wachsausscheidungen auf der Körperoberseite und am Hinterende oft langen, weißen Wachsfortsätzen.

Schmier- und Wolläuse finden wir, namentlich wenn die Wintertemperaturen zu hoch und die Luftfeuchtigkeit niedrig sind, an folgenden Zimmerpflanzen: Lorbeer (*Laurus*), Dattelpalme (*Phoenix*), Kamelie (*Camellia*), Kolbenfaden (*Aglaonema*), Amaryllis (*Hippeastrum*), Zimmerahorn (*Abutilon*), Klivie (*Clivia*), Kroton (*Codiaeum*),

Tierische Schädlinge

Buntnessel *(Coleus)*, Dickblatt *(Crassula)*, Echeverie *(Echeveria)*, Poinsettie oder Weihnachtsstern *(Euphorbia)*, Kranzschlinge *(Stephanotis)*, Kakteen usw.

Den Befall mit Napf- und Deckelschildläusen merkt man meistens erst, wenn auf der Fensterbank oder auf den Blättern glänzend schimmernde, wachsartige, stark klebrige Flecke, der sogenannte Honigtau, sichtbar werden. Bei näherem Hinsehen entdeckt man dann auf der Pflanze gewöhnlich hell- bis dunkelbraune, ovale bis runde Schildchen oder Deckelchen, die sich mit einer Nadel leicht abheben lassen.

Bei den Napfschildläusen (z. B. *Eulecanium corni*) leben die Läuse unter einem austern- oder muschelförmigen, wachsartigen Schild. Die Fähigkeit, sich vom Platz zu bewegen, haben sie nach ihrem Larvenstadium verloren, sitzen nun unbeweglich unter ihrem Schild, mit dem sie verwachsen sind, und holen mit ihrem Saugrüssel den Saft aus dem Pflanzengewebe.

Bei den Deckelschildläusen (z. B. *Aspidiotus hederae*) ist das Schildchen nicht fest mit dem Körper der Laus verbunden.

Bevorzugte Wirtspflanzen der Napf- und Deckelschildläuse sind: *Agave*, Lorbeer *(Laurus)*, Dattelpalme *(Phoenix)* und andere Palmen, Oleander *(Nerium)*, Gummibaum *(Ficus)*, Kamelie *(Camellia)*, Flamingoblume *(Anthurium)*, Glanzkölbchen *(Aphelandra)*, Zierspargel *(Asparagus)*, Kroton *(Codiaeum)*, *Dieffenbachia*, Fingeraralie *(Dizygotheca)*, Efeu *(Hedera)*, Farne, Orchideen, *Philodendron*, Weihnachtsstern *(Euphorbia pulcherrima)*, Kranzschlinge *(Stephanotis)*, Palmlilie *(Yucca)* und viele andere Zimmerpflanzen.

Bei allen Schildlausarten laufen die sehr kleinen Larven frei über die Blattoberfläche und suchen sich einen neuen Futterplatz.

Erst nach einiger Zeit, wenn sie sich festgesaugt haben und größer geworden sind, entdeckt man auf der ganzen Pflanze Schildläuse.

Der Hauptschaden, den die Schildläuse anrichten, sind die unregelmäßig geformten, gelben Flecke, die Saugstellen sowie ihre Saugtätigkeit. So sind kleine gelbe Flecke auf der Blattoberseite z. B. von Orchideen meist ein Zeichen dafür, daß sich auf der Unterseite Schildläuse befinden, die mit ihrem giftigen Speichel das Gewebe abtöten. Bei starkem Befall kümmern die Pflanzen und können sogar eingehen.

Eine ebenfalls nicht zu unterschätzende Nebenerscheinung des Schildlausbefalls ist die bereits erwähnte Verschmutzung der Pflanze durch die übermäßige Honigtau-Ausscheidung. Auf ihr siedeln sich – wie auf den Ausscheidungen der Blattläuse – sogenannte Rußtaupilze an, die die Verschmutzung komplett machen. Die Folge ist, daß das Blatt durch die Schmutzschicht weniger Licht empfängt und damit auch weniger assimilieren kann.

Ameisen sind erpicht auf den Honigtau und verschleppen angeblich die Schildlauslarven wie Blattläuse auf nach ihrer Meinung ergiebigere Pflanzenteile oder sogar auf andere Pflanzen. Sie würden damit eine nicht unbedeutende Rolle bei der Verbreitung der Schildläuse spielen, und ihre rege Betriebsamkeit auf den Trieben unserer Zimmerpflanzen ist oft ein Hinweis auf die Anwesenheit von Schildläusen.

Die Bekämpfung von Schildläusen ist nicht einfach, da Bekämpfungsmittel die Wachsschicht der ausgewachsenen Tiere meist nicht durchdringen können. Bei leichtem Befall kann man es mit Spiritus-Seifenlösung versuchen, wie es in Kapitel 11 ›Sonstige Bekämpfungsmethoden‹ näher beschrie-

Woll- oder Schmierläuse
(*Pseudococcus citri* u. a.)
auf Blattunterseite.

Blatt mit starkem
Schildlausbefall.

79

Tierische Schädlinge

ben wird. Stärker befallene Pflanzen behandelt man am wirksamsten z. B. mit einem Präparat auf der Basis von Propoxur (Unden flüssig). Zu diesem Zweck löst man 1 g Propoxur in 1 l Wasser und befeuchtet mit dieser Lösung alle oberirdischen Teile der Pflanze recht gründlich. Einen vollen Erfolg erzielt man jedoch nur dann, wenn man die Behandlung noch zweimal mit je sieben Tagen Abstand in der gleichen sorgfältigen Weise wiederholt.

6.20 Wurzelläuse

Den Befall mit Wurzelläusen kann man eigentlich nur feststellen, wenn man die Pflanzen austopft. Oberirdisch zeigen die Pflanzen eine mehr oder weniger kümmerliche Entwicklung, das Übel sitzt jedoch in diesem Fall in der Erde.

An der Innenwand des Topfes und vor allem an den Wurzeln selbst sowie am Wurzelhals sieht man bläulich-weiße Pfröpfchen, und bei einigen Arten ist die Topferde durchzogen von weißen, Pilzhyphen ähnlichen Wachsfäden.

Die teils zu den Blattläusen, teils zu den Schildläusen gehörenden Wurzelläuse leben auf Kosten der Wurzeln verschiedener Gewächshaus- und Zimmerpflanzen wie Pelargonie (Pelargonium), Bitterschopf (Aloë), Bromelien (Bromelia), Kakteen, Usambaraveilchen (Saintpaulia), Sukkulenten, Farnen usw. Der Schaden kann erheblich sein und sogar zum Absterben der Pflanzen führen.

Die Kaktuswurzellaus (Rhizoecus cacticans) braucht zu ihrer Entwicklung einen etwas trockeneren Boden und Wärme. Da Kakteen oft warm stehen und in der Regel auch nur wenig gegossen werden, sind diese Be-

dingungen hier meist erfüllt. Auch das Dickblatt (Crassula) und Euphorbia-Arten (Wolfsmilch-Gewächse) können starken Befall mit dieser Wurzellaus aufweisen.

Eine weitere Art (Rhizoecus dianthi) ist nicht so wählerisch und befällt Zimmerpflanzen in praktisch allen Umweltverhältnissen.

Wurzelläuse verbreiten sich nur mit Erde und können allein auf diesem Wege neue Pflanzen befallen. Aus diesem Grunde erfolgt auch die Ausbreitung dieses Schädlings nicht so schnell wie im Blumenkasten oder Gewächshaus, wo eine einzige kranke Pflanze binnen kurzem ihre ganze Umgebung verseuchen kann.

Die Bekämpfung ist nicht einfach, da die Tiere versteckt in einer sie umhüllenden Wachsschicht sitzen. Zunächst ist wichtig, die Pflanzen, die offensichtlich krank sind, möglichst bald von den augenscheinlich noch nicht befallenen zu isolieren. Die einzige Bekämpfungsmöglichkeit besteht darin, die befallenen Pflanzen bis etwas über den Topfrand in eine Lösung von 1 g Propoxur auf 1 l Wasser zu stellen und die Pflanzen wenigstens eine Viertelstunde darin zu belassen. Es ist allerdings nicht absolut sicher, daß eine einmalige Behandlung zur restlosen Vernichtung der Läuse ausreicht. Besser ist es deshalb, diese Maßnahme nach einigen Wochen oder Monaten zu wiederholen. Zu beachten ist, daß einige Pflanzen, u. a. das Glanzkölbchen (Aphelandra), durch diese Prozedur Schaden nehmen können.

Bei Befall im Gewächshaus kann man im Prinzip ebenso verfahren, doch sollte hier außerdem möglichst viel Erde ausgewechselt werden, einschließlich des Torfmulls, da sich auch darin Wurzelläuse befinden können.

Tierische Schädlinge

In manchen Fällen besteht die einfachste Lösung darin, von der befallenen Pflanze Stecklinge zu schneiden, um neue Pflanzen heranzuziehen und die an der Wurzel verseuchte Mutterpflanze zu vernichten.

6.21 Mottenschildlaus, Weiße Fliege

Eine Plage, mit der viele Pflanzenliebhaber Schwierigkeiten haben, ist die Weiße Fliege. Es handelt sich um ein mit den Schildläusen nahe verwandtes Insekt, das ungefähr 2 mm lang ist und vier dachziegelartig übereinanderliegende Flügel besitzt. Das ganze Insekt ist schneeweiß und fein mehlig bestäubt. Es hat, oberflächlich besehen, Ähnlichkeit mit einer winzigen Motte.

Die Larven sind ungeflügelt, gelblich-grün und zwischen weißen Wachsfäden verborgen. Sowohl das Vollinsekt als auch die Larven findet man hauptsächlich auf der Blattunterseite. Hier werden auch die Eier abgelegt, 100–200 und mehr pro Weibchen.

Zufolge der Saugtätigkeit der Weißen Fliege und ihrer Larven entstehen gelbliche Flecke auf den Blättern, die später verwelken und vertrocknen. Außerdem werden – wie bei Blatt- und Schildläusen – die Blätter durch »Honigtau« verunreinigt, auf dem sich mit Vorlicbe Rußtaupilze ansiedeln. Auch als Überträgerin von Viruskrankheiten ist die Weiße Fliege gefürchtet.

Besonders häufig befallen werden Fuchsien *(Fuchsia)*, Pelargonien *(Pelargonium)*, der Weihnachtsstern *(Euphorbia pulcherrima)*, der Eibisch *(Hibiscus)*, das Fleißige Lieschen *(Impatiens)* u. a. Berührt man plötzlich stark befallene Pflanzen, sieht man die Mottenschildlaus in Massen auffliegen. Obwohl

in der freien Natur bei uns auch einige Arten der Mottenschildlaus vorkommen, stammt die an unseren Zimmerpflanzen auftretende Art *(Trialeurodes vaporariorum)* aus tropischen Gebieten. In unseren geheizten Wohnräumen kann man daher auch das ganze Jahr über alle Entwicklungsstadien, vom Ei über die Larve bis zum Vollinsekt, antreffen.

Das Tempo der Entwicklung dieses Insekts ist stark temperaturabhängig. Zwischen 15 und 25° C verläuft diese wie folgt: Aus den Eiern, die – wie erwähnt – auf der Unterseite junger Blätter abgelegt werden, schlüpfen nach 7–20 Tagen die Larven, die, außer in der ersten Zeit, unbeweglich auf den Blättern festsitzen; ihre Entwicklung dauert 7–35 Tage. Aus den ebenfalls auf den Blättern festsitzenden Puppen kommen schließlich nach 7–32 Tagen die Weißen Fliegen zum Vorschein. Diese rasche Entwicklung erschwert die Bekämpfung außerordentlich. Die Eier werden von Insektiziden nicht

Weiße Fliege *(Trialeurodes vaporariorum)* auf Fuchsienblatt.

81

Tierische Schädlinge

abgetötet, und die unbeweglich auf den Blättern festsitzenden Larven sind gegen die meisten Mittel ebenfalls recht widerstandsfähig.

Einen wirklichen Erfolg der Bekämpfung kann man nur erwarten, wenn man bei einer Temperatur von 15–20° C mindestens 5 Behandlungen in Abständen von 8–9 Tagen vornimmt. Bei einer Temperatur von 20–25° C benötigt man sicher 4 Behandlungen mit jeweils fünftägiger Pause. Die Behandlungen sollten im Garten oder auf dem Balkon erfolgen, wobei darauf zu achten ist, daß besonders die Blattunterseiten gut getroffen werden.

Folgende Mittel eignen sich zur Bekämpfung der Weißen Fliege:

Spritzen mit Präparaten auf der Basis von Diazinon, Malathion, Lindan, Propoxur, Pyrethrum; Stäuben mit Endosulfan-, Malathion-, Propoxur-Mitteln; Sprühen, unter Verwendung einer Sprühdose, mit Dichlorvos, Lindan, Malathion, Diazinon, Propoxur, Pyrethrum.

Schließlich besteht besonders im Herbst und im Frühjahr die Möglichkeit, die Weiße Fliege zu vernichten, indem man die Pflanzen nach draußen stellt. Wie eingangs erwähnt, handelt es sich hier um eine tropische Art, die bei niedrigen Temperaturen zugrunde geht. Selbstverständlich darf es nachts nicht frieren, und wir können auch nicht alle unsere Zimmerpflanzen in dieser Weise behandeln, denn diese vertragen die Kälte zum Teil ja ebenfalls nicht gut.

6.22 Blattwanzen

Die als Schädlinge an Zimmerpflanzen in Betracht kommenden Blattwanzen-Arten – die Futterwanze *(Lygus pabulinus)*, die Zweigepunktete Grünwanze *(Calocoris norwegicus)* – sind flache, grüne Insekten, die besonders bei hohen Temperaturen außerordentlich beweglich sind. Sie werden bis 1 cm lang und besitzen vier auf dem Rücken platt aufliegende Flügel.

Die Larven sind flügellos, sonst aber, wie die Vollinsekten, mit 6 Beinen und einem Saugrüssel ausgestattet. Sie sind ebenso schädlich wie die Wanzen selbst. Sieht man die ausgewachsenen Tiere auch nur selten, so ist der Schaden, den vor allem ihr giftiger Speichel anrichtet, beträchtlich und sehr auffallend.

In einem zeitigen Wachstumsstadium stechen die Wanzen mit ihrem Saugrüssel in die Knospen, weichen Triebe und jungen Blätter. Erst wenn die Knospen austreiben und die Blätter sich voll entfalten, wird der Schaden sichtbar. Die Wanzen selbst sind dann meistens längst verschwunden, so daß Bekämpfungsmaßnahmen nicht mehr sinnvoll sind.

Der Schaden äußert sich in zahlreichen unregelmäßig geformten, braun umrandeten Löchern in den jüngsten Blättern, in einer starken Mißbildung der Blattnerven, im Einrollen und Kräuseln der Blattränder, in einer allgemeinen Verkrüppelung der Blätter sowie im Zurückbleiben oder gar Absterben von Blüten und Blütenknospen.

Obwohl Wanzen eigentlich Freilandschädlinge sind, die z. B. Dahlien und Gartenchrysanthemen erheblich schädigen, können sie aber ohne weiteres auch an Zimmerpflanzen auftreten, wenn ein oder mehrere Exemplare durch das geöffnete Fenster ins Haus gelangen. Schaden kann natürlich auch entstehen, wenn man die Zimmerpflanzen während der Sommermonate im Garten hält. Besonders gefährdet durch Blattwanzen sind u. a. Fuchsien *(Fuchsia)* und der Eibisch *(Hibiscus)*.

Schaden durch Befall mit Blattwanzen.

Die Blattwanze
(*Lygus pabulinus* u. a.).

Tierische Schädlinge

Wanzenschäden lassen sich nur vermeiden, wenn man rechtzeitig eingreift, das heißt, wenn man die Tiere an den Vegetationspunkten saugend wahrnimmt. Zu diesem Zeitpunkt kann man dann – am besten frühmorgens – die Pflanzen mit einem Diazinon-, Propoxur-, Lindan- oder Malathion-Präparat spritzen, wenn notwendig, mehrere Male in Abständen von einigen Tagen.

6.23 Zikaden, Schaumzikaden

Zikaden sind 3–4 mm lange, grüne oder braune, schlanke, längliche Insekten, die, wenn Gefahr besteht, sich mit großen Sprüngen davonmachen können. Der englische Name »leafhopper« deutet auf diese Fähigkeit hin. Die Larven der Schaumzikade (Philaenus spumarius) findet man auf den Stengeln und vor allem in den Blattachseln, wo sie sich unter Schaumflocken (»Kuckucksspeichel«) verborgen halten. Sie sind meist bleichgrün mit deutlich erkennbaren schwarzen Augen.
Sowohl die Larven als auch die Vollinsekten saugen an Trieben und Blättern und verursachen kleine weiße Flecke. Oft vertrocknen die geschädigten Blätter und fallen ab. Zimmerpflanzen werden besonders dann befallen, wenn sie zeitig im Jahr in den Garten gestellt werden; eine besondere Vorliebe haben Zikaden für Fuchsien. Auf der Fensterbank treten sie selten oder nie auf.
Wenn wirklich notwendig, kann man befallene Pflanzen mehrmals, in Abständen von 10 Tagen mit 2 g oder 1 ml Malathion, 0,75 ml Diazinon oder 1 g Propoxur, jeweils in 1 l Wasser gelöst, spritzen.
Insgesamt gesehen, ein seltenerer und verhältnismäßig harmloser Schädling.

6.24 Azaleenmotte

Die Azaleenmotte (Gracilaria azaleella) ist ein Insekt, das nur auf Azaleen vorkommt, hier aber ernsten Schaden verursachen kann, insbesondere bei solchen Azaleen, die der Liebhaber mehrere Jahre hält und im Sommer in den Garten stellt. Es handelt sich um einen dem Blumenfreund nur wenig bekannten Schädling, der trotzdem beachtet werden sollte.
Man beobachtet, daß die Blätter braun werden, vertrocknen und abfallen, denkt aber zunächst nicht an eine parasitäre Erkrankung. Macht man sich jedoch die Mühe, an noch nicht abgefallenen Blättern die Unterseite genauer zu untersuchen, entdeckt man gewundene Gang- und Blasenminen oder größere weiße Flecke, in denen sich schwarze Körnchen – Kotkrümel – befinden. An diesen Stellen ist die Oberhaut des Blattes vom übrigen Gewebe abgetrennt. Auch zeigt sich, daß die Blattspitzen nach unten gebogen und nahe der Stelle, an der der Blattstiel in die Blattspreite übergeht, festgesponnen sind.
Alle diese Symptome deuten auf die Anwesenheit der Azaleenmotte hin. Diese legt ihre Eier auf der Blattunterseite ab; die daraus schlüpfenden Räupchen bohren sich in unmittelbarer Nähe des Eies in das Blatt und beginnen, das Gewebe unter der Oberhaut der Blattunterseite zu fressen. Nach zwei bis drei Wochen verlassen sie ihr »Geburtsblatt« und wandern auf ein anderes Blatt, dessen Spitze sie nach unten biegen und festspinnen. In diesem künstlichen Unterschlupf lebt die Raupe weiter und nährt sich vom umgebenden Blattgewebe. Der Wechsel des Blattes wiederholt sich noch einige Male, bis die Raupen ausgewachsen sind und sich verpuppen.

Da ein Weibchen maximal 150 Eier ablegt, versteht man, daß schon ein einziger Falter beträchtlichen Schaden anrichten kann. Die Eiablage erfolgt von Mai bis September, das heißt, genau in der Zeit, in der die Azaleen im Garten stehen. Überdies hat die Azaleenmotte jährlich mehrere, bis zu drei Generationen. Im Zimmer hat sie vermutlich keine Lebensmöglichkeiten. Aus diesem Grunde sollte die Bekämpfung darin bestehen, beim Entdecken der ersten Miniergänge die Larven in diesen zu zerdrücken oder aber die befallenen Blätter abzupflücken und zu vernichten. Der Einsatz chemischer Pflanzenschutzmittel dürfte nur für Großkulturen in Gartenbaubetrieben in Betracht kommen.

Schaumzikade *(Philaenus spumarius)*: unter Schaumflocken (»Kuckucksspeichel«) verborgene Larve.

7 Pilzkrankheiten

Zu den pflanzlichen Schädlingen gehören Pilze und Bakterien. In diesem Kapitel sollen zunächst Pilze behandelt werden, jene Organismen, die ja auch im Leben des Menschen eine nicht unerhebliche Rolle spielen.

Die Anwesenheit und Tätigkeit von Pilzen kann man durchaus von der positiven Seite sehen, wenn man an die vielfältige Tätigkeit der Hefepilze denkt, an die Mitwirkung der Pilze beim Abbau organischer Substanz, an die Gewinnung lebensrettender Heilmittel, z. B. Penicillin.

Die negativen Aspekte sind im Rahmen dieses Buches viel wichtiger; Pilze sind nämlich auch Erreger von Pflanzenkrankheiten.

Pilze gehören zu den niederen Pflanzen; sie besitzen weder Wurzeln, noch Stengel, noch Blätter oder Blüten. Pilze haben kein Blattgrün und können aus diesem Grunde auch nicht assimilieren.

Die große Mehrzahl der Pilze lebt ausschließlich von totem, organischem Material; es sind sogenannte Saprophyten. Zum Glück gibt es nur sehr wenige, die als echte Parasiten leben, und doch können uns diese wenigen das Leben schwer genug machen.

Wenn man von Pilzen spricht, denkt man natürlich zunächst an die eßbaren Edelpilze, die wir verspeisen, und an die vielen Pilze, die im Herbst unsere Wälder zieren.

Die Pilze, die unsere Pflanzen befallen, leben mehr im Verborgenen und präsentieren sich nicht so auffallend und bunt. Und doch haben beide Gruppen viel gemeinsam.

Der Körper aller Pilze besteht aus mikroskopisch feinen, verzweigten oder unverzweigten Fäden, den Hyphen. Die Gesamtheit der Hyphen eines Pilzes nennt man Pilzgeflecht oder Mycel. Ein solches Mycel ist z. B. das weiße Fadengeflecht, das man auf faulendem Holz, im Waldboden usw.

antrifft. Die bekannten Pilze im Walde sind nur die Fruchtkörper, die für die Vermehrung und Verbreitung sorgen. Diese erfolgen bei Pilzen nämlich nicht durch Samen, sondern durch äußerst kleine, Sporen genannte Zellen. Jeder Pilz produziert Tausende von Sporen, und die Chance, daß wenigstens einige von ihnen einen günstigen Nährboden finden, ist daher durchaus gegeben. Wind, Wasser, Insekten, Samen, Sämlinge und Pflanzgut helfen bei der Verbreitung der Sporen mit.

In früheren Jahrhunderten wußte der Mensch nichts von der Existenz von Pilzen, die Pflanzenkrankheiten verursachen können, und hielt Mißernten und dergleichen für eine Strafe Gottes. Erst im 18. Jahrhundert gewinnt man allmählich einen tieferen Einblick in die Materie, und es entsteht die Lehre von den Pilzen, die Mykologie.

Insbesondere waren es Kartoffelkrankheiten, in erster Linie die Kraut- und Knollenfäule *(Phytophthora infestans)*, die in der Mitte des vorigen Jahrhunderts, und auch später immer wieder (1917) die Kartoffelfelder vernichteten und katastrophale Hungersnöte zur Folge hatten.

Auch heute führt die Menschheit der ganzen Welt ständig einen Kampf gegen die pilzlichen Krankheitserreger, die unser tägliches Brot bedrohen. Es ist ein nie endender Kampf, an dem sich ein jeder, wenn es die Umstände erfordern, im Rahmen seiner Möglichkeiten beteiligen sollte.

Einige Pilzkrankheiten können an allen Zimmerpflanzen vorkommen; diese werden im allgemeinen Teil behandelt. Es gibt aber auch Pilze, die nur auf eine Zimmerpflanzenart oder eine bestimmte Gruppe von Zimmerpflanzen spezialisiert sind. Die wichtigsten dieser Krankheiten werden anschließend gesondert abgehandelt.

Pilzkrankheiten

7.1 Wurzelfäule

Die kranken Wurzeln sind braun und rot verfärbt, und oft läßt sich ihre Oberhaut wie ein Futteral abstreifen. Die Pflanzen welken und sterben ab. Dieser Prozeß verläuft an warmen Tagen besonders rasch, weil die Pflanzen bei höheren Temperaturen besonders viel Wasser zur Verdunstung brauchen, über die kranken Wurzeln aber nichts mehr erhalten. Die Wurzelfäule schreitet oft fort bis an die holzigen Basispartien des Stengels.

Erreger solcher Wurzelfäulen sind unter anderem Pilze der Gattungen *Pythium* und *Phytophthora*. Sie sind allgegenwärtig, auch im Boden, und sind als Schwächeparasiten anzusehen. Mit anderen Worten: Sie können eine Pflanze erst befallen, wenn diese durch andere schwächende Ursachen »reif« oder prädestiniert geworden ist.

Gefürchtet sind diese Pilze in erster Linie in Stecklingsbeeten und Aussaaten aller Art, in denen sie die Umfallerkrankheit hervorrufen *(Pythium debaryanum)*. Aber auch ältere Pflanzen, z. B. von *Aloë (Pythium ultimum), Anthurium (Pythium splendens), Erica (Phytophthora cinnamomi)*, Kakteen *(Pythium irregulare* und *Phytophthora cactorum)* usw. werden heimgesucht.

Die Wurzelfäule verursachenden Pilze sind ausgesprochene »Wasserpilze«, die nur in einem feuchten Milieu gedeihen können. Eine der häufigsten Ursachen der Erkrankung ist daher Nässe im Boden und als Folge davon ein zu niedriger Sauerstoffgehalt. In einem solchen Boden sterben die Wurzeln ab, zunächst die Wurzelhaare und Wurzelspitzen, die Pflanze ist geschwächt, und die pilzlichen Fäuleerreger erhalten jetzt ihre Chance.

Außer zuviel Feuchtigkeit im Boden gibt es aber noch andere Faktoren, die den Wurzelfäule-Pilzen in die Hand arbeiten. Dazu gehören z. B. zu hoher Salzgehalt des Bodens, ein für die Pflanze zu kalter Standort oder die Verwendung bereits stark verseuchter Erde. Das Treiben der Pflanzen mit viel

Umfallerkrankheit an Sämlingspflanzen, verursacht durch den Pilz *Pythium debaryanum.*

87

Pilzkrankheiten

Wasser, Mineraldünger, hohen Gewächs-haustemperaturen usw., wie es heute in den meisten Zierpflanzenbaubetrieben immer mehr als unbedingt notwendig hingestellt wird, begünstigt das Auftreten der Wurzel-fäule, die hier oft schon das Krankheitspro-blem Nummer eins geworden ist. Jeder Gärtner fürchtet den »Vermehrungspilz«, die Schwarzbeinigkeit der Sämlinge und Stecklinge.

Übrigens ist die Gefahr, daß Sie eine von der Wurzelfäule bereits befallene Pflanze kaufen, recht gering. Denn die kranke Pflanze geht gewöhnlich schon in der Gärt-nerei zugrunde oder befindet sich in einem derart kümmerlichen Zustand, daß sie für den Markt oder Handel nicht mehr in Be-tracht kommt. Sie können jedoch selbst einen Befall herbeiführen und das Schicksal Ihrer Pflanzen besiegeln, wenn Sie es zu den vorstehend geschilderten tödlichen Um-weltbedingungen kommen lassen.

Eine direkte Bekämpfung der Wurzelfäule ist nicht möglich. Das kranke und faule Wurzelwerk läßt sich durch kein Pflanzen-schutzmittel wieder heilen. Nur durch eine gute Pflege und vorbeugende Kultur- und Hygienemaßnahmen kann man die Pflanzen gesund erhalten und den Wurzelfäuleerre-gern jede Chance nehmen.

7.2 Stengelgrundfäule oder Fußkrankheiten

Bei dieser Krankheit vergilben und verwel-ken die Blätter und sterben vorzeitig ab. An der Grenze Luft/Topferde ist der Stengel dunkelbraun bis schwarz verfärbt und zeigt Anzeichen von Fäulnis. Oft ist auch schon das Wurzelwerk zu einem erheblichen Teil verfault.

Das Welken ist die Folge der Verstopfung der Leitungsbahnen im Stengel, in denen der Wasser- und Nährstofftransport er-folgt.

Unter den Begriffen »Stengelgrundfäule« und »Fußkrankheiten« faßt man alle Pilz-krankheiten zusammen, die sich in den vor-stehend beschriebenen Symptomen äußern. Die Erreger sind auch hier durchweg Schwä-cheparasiten wie *Botrytis, Fusarium*-Arten, *Cylindrocarpon* u. a. Sie befallen zahlreiche Zimmerpflanzen, z. B. Kakteen, *Kalan-choë*, Cinerarien *(Senecio)*, Pelargonien *(Pelargonium)*, Zwergpfeffer *(Peperomia)* usw.

Die Sporen der genannten Pilze sind prak-tisch in jedem Boden vorhanden und warten nur geduldig auf eine günstige Gelegenheit, eine Pflanze zu befallen.

In erster Linie führen ungünstige Bedingun-gen in der Topferde zum Auftreten von Fußkrankheiten. Dazu zählen: Zu nasse Er-de, zu stark verdichtete Erde, übermäßige Düngung und als Folge davon eine zu hohe Salzkonzentration.

Meistens sind die Pflanzen nur noch da-durch zu retten, daß man den noch gesun-den Teil abschneidet und versucht, ihn als Steckling zur Neubewurzelung zu bringen. Schweren Schaden ruft die Krankheit oft auch bei der eigenen Stecklingsvermehrung von *Pelargonium zonale*, der Zonalpelargo-nie oder Geranie, hervor. Hierzu folgende Erklärung und Empfehlung: *Pelargonium zonale* besitzt fleischige Teile, in denen viel Wasser gespeichert wird, um Trockenperio-den zu überstehen. Solche Pflanzen wach-sen daher sogar in Steppen, in denen kaum Regen fällt.

Viele sind sich dieser Zusammenhänge nicht bewußt und gießen und düngen hemmungs-los. Das Ergebnis sind geile Pflanzen mit

Wurzelfäule an *Anthurium,* hervorgerufen durch den Pilz *Pythium splendens.*

Phytophthora-cryptogea-Stammfäule an Gloxinie *(Sinningia).*

Stengelgrundfäule *(Fusarium oxysporum)* an Kaktus.

89

langen Internodien und weichem, anfälligem Gewebe. Auch kann man beobachten, daß Stecklinge in ein viel zu feuchtes Substrat gesteckt und obendrein noch täglich gegossen werden. Man wird verstehen, daß diese widernatürliche Handlungsweise üble Folgen haben muß.

Aus den vorstehenden Ausführungen ergibt sich, daß man zur Erzielung eines guten Gedeihens der Jungpflanzen folgende Forderungen erfüllen muß:

- Mutterpflanzen mit gedrungenem Wuchs heranziehen, um nicht Stecklinge mit zu langen Internodien verwenden zu müssen.
- Das Erdsubstrat für Stecklinge soll luftig und nicht zu feucht sein; empfehlenswerte Mischung: 50% Torfmull, 50% grober Sand.
- Keine zu weichen Stecklinge verwenden; diese faulen leicht.
- Die Basis des Stecklings in ein Gemisch von gleichen Teilen eines im Handel befindlichen Wuchsstoffes zur Förderung der Bewurzelung und eines Captan-Stäubemittels stippen.
- Nach dem Stecken spritzen mit einem Fungizid, z. B. Captan oder Zineb.
- Nach dem Stecken vorerst nicht mehr gießen.
- Nur die Blätter fein besprühen.
- Die Stecklinge nicht zu tief in den Boden stecken.

7.3 Grauschimmel

Der Grauschimmel – *Botrytis cinerea* – ist ein allgegenwärtiger Pilz. In erster Linie siedelt er sich auf abgestorbenem Gewebe von verletzten Pflanzen, auf toten Blättern auf der Topferde und dergleichen an und bedeckt diese mit einem graubraunen, sporenverstäubenden Schimmelrasen. Unter bestimmten ungünstigen, die Pflanzen schwächenden Umständen werden gelegentlich aber auch lebende, vor allem junge Pflanzen und Pflanzenteile befallen. Lichtmangel, schwüle, feuchtwarme Luft, Kälte, übermäßige Feuchtigkeit und ein zu dichter Stand in Stecklingskästen und Saatbeeten fördern den Befall.

In der Regel setzt sich der Pilz zunächst auf absterbenden oder bereits abgestorbenen Stengeln, Blättern oder Blütenstielen fest, um von dort auf noch gesunde Pflanzenteile überzugehen. Auch irgendwie beschädigte Pflanzenteile bilden eine ideale Eingangspforte für die Pilzsporen.

Herrscht dann noch die notwendige Feuchtigkeit, kann der Pilz sich sehr schnell ausbreiten und die Pflanze binnen kurzem zum Absterben bringen. Ein bekanntes Beispiel hierfür ist *Nertera,* das Korallenmoos, an dem *Botrytis* in dem dichten Haufen der auf- und übereinanderliegenden Blätter manchmal verheerend auftritt. Außer in dieser aggressiven Form tritt der Grauschimmel aber auch in einer harmloseren Form in Erscheinung. In diesem Fall keimen zwar die Sporen im Gewebe der Wirtspflanze und töten einige Zellen ab, doch die Pflanze widersteht dem Angriff, indem sie blitzschnell rund um die Befallstelle einen Ring verkorkter Zellen bildet und diese so abkapselt.

Diese weniger aggressive Form des Grauschimmels trifft man unter anderem fast regelmäßig an auf Blättern von Pelargonien *(Pelargonium)* (kleine, gelbe Flecke) und auf den Blüten der Alpenveilchen *(Cyclamen)* (kleine schwarzbraune Flecke). Auch auf Tomatenfrüchten kommen solche *Botrytis*-Flecke häufig vor.

Grauschimmel *(Botrytis cinerea)* an Alpenveilchen.

Vom Grauschimmel *(Botrytis cinerea)* befallene Tulpenblätter.

Pilzkrankheiten

Ist dieser Befall noch als recht harmlos zu bezeichnen, und kann man hier auf Bekämpfungsmaßnahmen verzichten, so muß man gegen die aggressive Form unbedingt etwas unternehmen, um die befallene Pflanze zu retten.

Folgende Maßnahmen werden empfohlen: Peinliche Sauberkeit im Pflanzenbestand, sorgfältiges Entfernen aller absterbenden und abgestorbenen Pflanzenteile, Abschneiden aller toten Stengel, Blatt- und Blütenstiele usw. mit einem scharfen Messer, die Pflanzen weniger feucht halten sowie die Behandlung der Pflanzen mit einem Fungizid, z. B. Captan- oder Thiram-Spritz- oder Stäubemitteln.

7.4 Echter Mehltau

Eine höchst zutreffende Bezeichnung für diese Gruppe von Pilzen, da sich Echter Mehltau stets in Form weißer, mehliger Flecke auf Blättern oder Blüten äußert. Später verfärben sich die Flecke oft braun, und man kann in ihnen schwarze Pünktchen, die Fruchtkörper, erkennen.

Das Pilzmyzel dringt nicht in das Pflanzengewebe ein, sondern wächst außen auf der Oberfläche der Wirtspflanze und bedeckt diese mit einem äußerst feinen spinnwebenartigen Geflecht. Durch die Oberhaut der befallenen Pflanzenteile sendet der Pilz kurze Saugfortsätze in das Gewebe, um sich aus den Zellen seine Nahrung zu holen. Die Sporen werden durch den Wind verbreitet.

Mehltaupilze können sich außerordentlich schnell vermehren und ausbreiten, vor allem in einer warmen und feuchten Umgebung, z. B. in einem Klima, wie es in unseren Breiten oft im August und September herrscht.

Mehltau kommt auf vielen Pflanzen vor, doch sind die verschiedenen Pilzgattungen und Arten fast immer auf ganz bestimmte Pflanzen oder Pflanzengruppen spezialisiert. Echter Mehltau kann u. a. auftreten an der Flamingoblume *(Anthurium)*, Begonien *(Begonia)*, Kroton *(Codiaeum)*, Pachypodium, an Wolfsmilchgewächsen *(Euphorbia)*, Hortensien *(Hydrangea)*, Topfchrysanthemen, Alpenveilchen *(Cyclamen)*, *Erica*, *Kalanchoë*, Usambaraveilchen *(Saintpaulia)*, Cinerarien *(Senecio)* und an der Drehfrucht *(Streptocarpus)*.

Der Befall mit diesen Pilzen kann sehr hartnäckig sein, und jeder, der schon einmal Mehltau z. B. auf seinen Begonien hatte, wird dies bestätigen können. Die Sporen dieses Pilzes, *Oidium begoniae*, sind, wenn erst einmal befallene Begonien im Zimmer gestanden haben, praktisch überall vorhanden. Sie bleiben auch ziemlich lange keimfähig, und es ist daher begreiflich, daß, selbst wenn man zuvor die kranke Pflanze beseitigt hat, jede neue in das Zimmer gebrachte Begonie prompt wieder befallen wird.

Obwohl es noch keine wirklich mehltauresistenten Begonien gibt, scheinen die sogenannten Rieger-Begonien gewöhnlich länger gesund zu bleiben als andere Arten. Ausgesprochene Begonien-Liebhaber tun jedenfalls gut daran, nach einem Mehltau-Auftreten wenigstens drei Monate lang keine Begonien, auch keine Blattbegonien, in der Wohnung zu halten, bevor sie sich zur Anschaffung neuer gesunder Begonien entschließen. Das hier geschilderte Beispiel zeigt deutlich, daß es nicht einfach ist, Mehltau an Zimmerpflanzen wirklich nachhaltig wieder loszuwerden.

Man kann allerdings versuchen, kranke Pflanzen mit folgenden Mitteln zu behandeln, nachdem die befallenen Teile so

Echter Mehltau, *Oidium begoniae,* auf Begonienblättern.

gründlich wie möglich entfernt worden sind:

Spritzen mit Imazalil-Präparaten; Stäuben mit Schwefel-Zineb-Präparaten; Stäuben mit Schwefel-Zineb-Maneb-Präparaten.

7.5 Rostpilze

Befall mit Rostpilzen erkennt man an meist schmutzigweißen, orangefarbenen, rost- oder dunkelbraunen Sporenhaufen, die gleichsam durch die Oberhaut hindurchbrechen. Sie befinden sich fast immer auf der Unterseite der Blätter.

Wenn diese Sporenpolster zahlreicher werden, schrumpfen die Blätter zusammen und vertrocknen schließlich. Der Pilz selbst lebt mit seinem Mycel im Innern des Pflanzengewebes und nimmt mit Saugfortsätzen Nahrung aus den Zellen auf. Man darf annehmen, daß nahezu jede Pflanze in der freien Natur einen oder mehrere Rostpilze als Kostgänger beherbergt. Sogar niedere Pflanzen, z. B. Farne, können von Rostpilzen befallen werden.

Die viele tausend Rostpilzarten leben alle parasitisch, hauptsächlich in Blättern und Stengeln. Es gibt Rostpilze, die zu ihrer Entwicklung zwei oder mehr Pflanzenarten nötig haben. Man nennt sie wirtswechselnde Rostpilze, im Gegensatz zu den wirtstreuen Rostpilzen, die ihre gesamte Entwicklung auf nur einer Pflanze durchmachen. Wirtswechselnde Rostpilze kann man oft schon dadurch vernichten, daß man den Entwicklungszyklus unterbricht, indem man den Zwischenwirt beseitigt.

Ein nichtwirtswechselnder Rostpilz ist der Pelargonienrost *(Puccinia pelargonii-zonalis),* der nur auf *Pelargonium zonale* vorkommt und dort auf den Blattunterseiten konzentrische Ringe brauner Sporenpolster bildet. Der Rostpilz der Fuchsie *(Pucciniastrum epilobii* f. sp. *palustris)* braucht zu seinem vollständigen Entwicklungszyklus das Weidenröschen *(Epilobium*-Arten) oder die Weißtanne *(Abies alba).*

93

Pilzkrankheiten

Rostpilze sind eng mit dem Gewebe der Wirtspflanze verbunden und daher nur schwierig oder gar nicht zu bekämpfen. Auf jeden Fall sollte man kranke Pflanzenteile beseitigen und vernichten. Danach empfiehlt es sich, befallene Pflanzen mit Mitteln auf Schwefel/Zineb- oder Schwefel/Zineb/Maneb-Basis zu bestäuben und diese Maßnahme mehrere Male in regelmäßigen Abständen zu wiederholen.

Eine besondere Rostpilzart kommt an *Echeveria* und *Sempervivum* vor. Hier lebt der Pilz völlig in der Pflanze, und von seiner Anwesenheit merkt man nur im Frühjahr etwas, wenn die graugrünen Blätter abnorme Formen annehmen. Sie werden sehr lang und geben der Pflanze ein vom normalen Erscheinungsbild völlig abweichendes Aussehen. Auf den bleichgrünen Blättern erscheinen die orangebraunen Sporenhäufchen. Gegen diese Art Rostpilze kann man gar nichts machen, es bleibt nur die Vernichtung der kranken Pflanzen.

7.6 Sclerotium rolfsii

Die von diesem Pilz befallenen Pflanzen zeigen eine bleichgrüne Farbe, welken und vertrocknen. Oft knicken die Stengel an der Erdoberfläche um. Auf den kranken Teilen bilden sich massenhaft senfkörnchenähnliche, anfangs weiße, dann gelbliche und später glänzend-dunkelbraune Sklerotien. Es sind dies Klümpchen verdickten Pilzmycels.

Der Pilz kann an verschiedenen Pflanzen Fäulnis verursachen, bei uns vornehmlich an Orchideen (»Orchideenwelke«), aber auch an der Kranzschlinge *(Stephanotis)* und an Palmen. Da er auch in Gewächshäusern auftritt, kann es leicht passieren, daß man Pflanzen mit leichtem Anfangsbefall in die Wohnung bekommt. Der Pilz befällt auch völlig intaktes Pflanzengewebe und kann bei jungen Pflanzen zum raschen Absterben führen. Die auf den abgestorbenen Pflanzenteilen gebildeten Sklerotien können im Boden lange Zeit ruhen und keimfähig bleiben.

Man kann versuchen, den Pilz zu bekämpfen, indem man möglichst schon bei beginnendem Befall die kranken Teile wegschneidet und die Pflanzen mit einem Schwefel/Zineb-Präparat bestäubt.

7.7 Blattfleckenkrankheiten

Eine ganze Anzahl von Pilzen tritt bei den verschiedensten Zimmerpflanzen als Erreger sogenannter Blattfleckenkrankheiten auf. Hierzu gehören Pilze wie *Gloeosporium*, *Phyllosticta*, *Cylindrocladium*, *Glomerella* usw. Die Symptome sind wie folgt zu beschreiben:

Rötliche, braune Flecke, die zusammenfließen und oft größere Partien der Blattoberfläche bedecken; gelbbraune, scharf begrenzte, oft etwas eingesunkene Flecke mit dunklerem Rand; große, unregelmäßig geformte, gelblich-graue, sich später grauweiß verfärbende Flecke, in denen das Gewebe spröde und brüchig wird; kleine, unregelmäßige, bleiche Flecke, von einem schmalen braunen, etwas erhöhten Rand umgeben; große, unregelmäßige, weißgraue Flecke, deren Inneres papierartig eintrocknet und später aus der Blattspreite herausfällt.

In vielen Fällen führen die hier beschriebenen Symptome zum vorzeitigen Absterben der Blätter. Oft erkennt man auf den Flekken schwarze Pünktchen, die Massen von

Rostkrankes Blatt.

Tulpenzwiebeln, von *Sclerotium tuliparum* befallen.

95

Pilzkrankheiten

Sporen enthaltenden Fruchtkörper der das Blatt parasitierenden Pilze.

Zu den Pflanzenarten, auf denen man häufig Blattfleckenkrankheiten wahrnimmt, gehören u. a.: *Agave*, Flamingoblume *(Anthurium)*, Schusterpalme *(Aspidistra)*, Kamelie *(Camellia)*, Klimme *(Cissus)*, Klivie *(Clivia)*, Kroton *(Codiaeum)*, Drachenlilie *(Dracaena)*, Gummibaum *(Ficus)*, Orchideen, Palmen und Farne.

Die primäre Ursache der Erkrankung ist in vielen Fällen eine allgemeine Schwächung der Pflanzen, z. B. durch Kälte, Sonnenbrand, Blattschäden durch Insekten usw. Auch starke Temperaturschwankungen begünstigen das Auftreten von Blattfleckenkrankheiten. Allein schon dadurch, daß man die Pflanzen nicht zugig stehen läßt und für ausgeglichene Umweltbedingungen sorgt, kann man mancher Erkrankung vorbeugen. Schließlich kann das Bestäuben der Blätter mit Schwefel/Kupferoxycarbonat-, Schwefel/Zineb- oder Schwefel/Zineb/Maneb-Präparaten in vielen Fällen von Nutzen sein.

ter einher mit einer orange-roten Verfärbung entlang den Blattnerven. Die Wurzeln und Stengel scheinen auf den ersten Blick noch völlig gesund zu sein. Schneidet man jedoch die Stengel unmittelbar über dem Boden durch, bemerkt man im Innern eine deutliche braune Verfärbung: die durch das Pilzmycel verstopften Gefäße.

Möglichkeiten der direkten Bekämpfung dieser *Verticillium*-Pilze sind nicht bekannt. Die einzige empfehlenswerte Gegenmaßnahme ist die radikale Vernichtung erkrankter Pflanzen. Da die Sporen im Boden lange überleben, ist es ratsam, die abgestorbenen Pflanzen nicht auf den Komposthaufen oder irgendwo in den Garten zu werfen; es kann nämlich auch hier zu üblen Infektionen kommen, da zahlreiche unserer Freilandgewächse ebenfalls anfällig für diese Pilze sind.

Im folgenden seien nun einige Pilzarten beschrieben, die nur auf einer oder einigen wenigen Zimmerpflanzenarten vorkommen.

7.8 Welkekrankheiten

Plötzliches Welken der Pflanzen ist oft die Folge eines Befalls mit den Gefäßbündelkrankheiten verursachenden Pilzen *Verticillium alboatrum* und *Verticillium dahliae*. Zahlreiche Zierpflanzen können von diesen Pilzen befallen werden.

Besonders an warmen Tagen kann das plötzliche »Schlappen« der Pflanze, gefolgt von Vergilbung der Blätter, ein Anzeichen dafür sein, daß die für die Wasserzufuhr notwendigen Leitungsbahnen im Stengel durch Pilzgewebe verstopft sind. Bei manchen Pflanzen geht die Vergilbung der Blät-

96

Verticillium-alboatrum-Welke
an Chrysantheme.

Verticillium-alboatrum-Welke
an *Gerbera*.

97

Pilzkrankheiten

7.9 Blattfleckenkrankheit bei Anthurium

Auf den Blättern von *Anthurium scherzerianum,* der Flamingoblume, entstehen anfangs kleine, helle, sich rasch vergrößernde, unregelmäßige, von einem schmalen dunklen Saum ziemlich scharf umgrenzte Flecke mit graubrauner Mitte und gelber Randzone.

Der Erreger ist der Pilz *Septoria anthurii,* der nach einiger Zeit in dem abgestorbenen mittleren Teil der Flecke Sporen enthaltende, winzige, schwarze Fruchtkörper, sogenannte Pykniden, ausbildet.

Eine Empfehlung zur direkten Bekämpfung dieser Krankheit kann bis heute noch nicht gegeben werden. Man möge versuchen, durch vorbildliche Kulturmaßnahmen dieser Krankheit vorzubeugen. Das heißt vor allem vorsichtig gießen und, sofern man die Blätter besprüht, dafür sorgen, daß sie bis zum Abend wieder abgetrocknet sind. Außerdem sind die kranken Blätter so rasch wie möglich zu entfernen, um damit die Infektionsquellen zu beseitigen. Zu hohe Luftfeuchtigkeit vermeiden. Eventuell Spritzen mit Zineb oder anderen organischen Fungiziden mit Netzmittelzusatz ist anzuraten.

7.10 Ohrläppchenkrankheit der Azaleen

Schon beim Austrieb sieht man einige junge Blätter hellgrün und fleischig verdickt. In der Folge breitet sich diese Mißbildung weiter aus, und auch Blüten können befallen werden. Die Triebspitzen sind zum Teil völlig deformiert.

In einem späteren Stadium sind die kranken Teile von einem kalkigweißen Mehlstaub, dem Sporenbelag, überzogen.

Die mißgestalteten Blätter können so merkwürdig gekräuselt und geschwollen sein, daß sie eine gewisse Ähnlichkeit mit einem Ohrläppchen haben; dies erklärt den Namen der Krankheit. Bleiben die kranken Teile an der Pflanze, werden sie allmählich braun, schrumpfen und beginnen zu verfaulen.

Erreger dieser Krankheit ist der Pilz *Exobasidium japonicum.* Sofern man die Symptome bald entdeckt und die befallenen Blätter abschneidet, bevor der weiße Sporenbelag sichtbar wird, kann man viel Schaden verhüten. Achten Sie beim Kauf auf diese Krankheit, und weisen Sie befallene Pflanzen zurück!

Eine Spritzung mit einem Zineb- oder Schwefel/Kupferoxycarbonat-Präparat gibt Ihnen weitgehende Gewißheit, daß die Krankheit so gut wie besiegt ist.

Ohrläppchenkrankheit *(Exobasidium japonicum)* an Azalee.

7.11 Stammgrund- oder Wurzel-halsfäule der Azaleen

Die ersten Anzeichen dieser Krankheit bestehen meistens darin, daß die Blätter ihre frische Farbe verlieren und sich ziemlich rasch von gelb über braun bis schwarz verfärben. Bald beginnen sie zu welken und hängen schlapp an den Trieben herab.

Die Erreger, hauptsächlich die Pilze *Cylindrocladium scoparium, Cylindrocarpon radicicola,* befallen sowohl ältere Pflanzen als auch junge vom Boden aus, vermögen sie aber auch oberirdisch anzugreifen. Die Pilze wachsen sowohl in als auch auf der Erde und können daher die Stammbasis ebenso wie die im oberen Teil des Topfballens befindlichen Teile der Pflanze infizieren. Von der Infektionsstelle aus wachsen sie dann in der Pflanze weiter, sowohl nach oben in den Stamm als auch nach unten in die Wurzel. Das Wurzelwerk kann ganz oder auch nur teilweise befallen werden und sogar völlig zugrunde gehen.

Infolge des Absterbens der Wurzeln und der Stammbasis wird der Wassertransport in die oberirdischen Teile der Azaleenpflanze unterbunden, so daß die ganze Pflanze oder Teile von ihr welken und absterben. In einem vorgerückten Stadium bedecken sich gewöhnlich Stengel und Blätter sporadisch mit zahlreichen wolligen, braunen Myzelhäufchen.

Die Ausbreitung dieser in der ganzen Welt gefürchteten Krankheit erfolgt durch verseuchte Erde oder durch Stecklinge von kranken Mutterpflanzen.

Was die Bekämpfung dieser Pilze betrifft, so ist leider festzustellen, daß es dafür zu spät ist, wenn die ersten Symptome sichtbar werden.

Beim Kauf von Azaleen sollte man unbedingt darauf achten, daß die Blätter eine frischgrüne Farbe zeigen und sich keine gelben, braunen oder schwarzen Blätter an den Stengeln befinden.

7.12 Drechslera-Fäule an Kakteen

Vor allem an der Stammbasis von Kakteen, genau an der Grenze Luft/Erde zeigen sich dunkle, etwas glasige Faulstellen. Diese breiten sich schnell aus, die ganze Pflanze fällt schließlich um und schrumpft mumienartig zusammen.

Auf den kranken Stellen entwickelt der Pilz massenhaft in Bündeln stehende Sporenträger, die zahllose Sporen entlassen; diese sorgen für Neuinfektionen, auch höher hinauf an beliebigen oberirdischen Stellen. Diese Bündel dunkelgefärbter Sporenträger sind auch mit einer Lupe gut zu erkennen. Sie sind mitverantwortlich für die dunkle Farbe der kranken Pflanzenteile.

Diese Krankheit führt die Bezeichnung *Drechslera*-Fäule oder *Helminthosporium*-Fäule. Der Erreger ist der Pilz *Drechslera cactivora* (syn. *Helminthosporium cactivorum*).

Der Pilz ist ein spezifischer Kakteen-Parasit und befällt insbesondere Arten der Gattungen *Cereus, Echinocactus, Mammillaria* und *Echinocereus.*

Die Fäule geht meistens von einem verseuchten Boden aus. Ferner wissen wir, daß der Pilz mit Kakteensamen eingeschleppt werden und auf diesem Wege jederzeit aus der Heimat der Kakteen, aus Mexiko und anderen Ländern, nach Europa kommen kann.

Die Krankheit kann nicht oder kaum bekämpft werden. Die Vernichtung der kran-

Pilzkrankheiten

ken Pflanzen bietet sich als einziger Ausweg an.
Der Kakteensammler sollte, um gegen diese Krankheit einigermaßen geschützt zu sein, seine sämtlichen Pflanzen alle 14 Tage mit einem Fungizid, z. B. mit Captan (20 g/10 l Wasser) spritzen und außerdem natürlich für eine gute Hygiene und die richtigen Kulturmaßnahmen sorgen.

7.13 Blattfleckenkrankheit an Campanula

Erreger: Der Pilz *Ascochyta bohemica.* Auf den Blättern der Glockenblume entstehen anfangs runde, wässerige Flecke, die bei hoher Luftfeuchtigkeit in kurzer Zeit an Größe zunehmen und sich graubraun bis schwärzlich verfärben. In diesen Flecken werden meist schmale, konzentrische Ringe sichtbar. Oft tritt an den kranken Stellen Milchsaft aus, der zu auffallenden, weißlichen bis rötlichen Klümpchen auftrocknet. Außerdem zeigen sich auf der Oberfläche zahlreiche höckerige, schwarze Fruchtkörperchen (Pykniden).
Außer den Blättern werden in der Folge auch Blüten und Triebe befallen. Auf den Blütenblättern werden anfangs durchscheinende, später sich rotbraun verfärbende Flecke sichtbar. Auf den Trieben sieht man lange, graugrüne oder schwarze Flecke. Stark befallene und längere Zeit in mit Feuchtigkeit gesättigter Luft gehaltene Pflanzen gehen zugrunde.
Wenn die Luftfeuchtigkeit abnimmt, kommt der Wuchs des Pilzes im Blatt schnell zum Stillstand. Die Flecke sind dann scharf abgegrenzt und weisen in der Mitte meist einen hellen Punkt auf. Sowie die Luft-

feuchtigkeit wieder zunimmt, beginnt der Pilz aufs neue zu wachsen. Hält dagegen die niedrige Luftfeuchtigkeit länger an, dann vergilben die kranken Blätter und vertrocknen schließlich, die älteren eher als die jüngeren.
Die Glockenblumen-Sorte *Campanula isophylla* ›Alba‹ wird im allgemeinen stärker befallen als *Campanula isophylla* ›Mayi‹. Aus der praktischen Erfahrung sowie aus Versuchen wissen wir, daß das Auftreten des *Ascochyta*-Pilzes durch zu hohe Luftfeuchtigkeit erheblich begünstigt wird. *Campanula isophylla* dagegen gedeiht am besten an einem luftigen, sonnigen Platz, das heißt, in einer mehr trockenen Umgebung. Deshalb sollten wir zur Vermeidung dieser Krankheit in erster Linie für den passenden Standort und die richtigen Kulturmaßnahmen sorgen. Chemisch läßt sich der Pilz bekämpfen, indem man befallene Pflanzen z. B. mit Captan oder Schwefel/Zineb-Präparaten bestäubt.

7.14 Blattfleckenkrankheiten an Topfchrysanthemen

Auf den Blättern von Topfchrysanthemen kommen zwei verschiedene Arten von Flecken vor, die durch zwei Pilze der Gattung *Septoria* verursacht werden.
Septoria obesa ist charakterisiert durch große, meist ovale, oft aber auch unregelmäßig geformte, braunschwarze Flecke, in denen massenhaft, als schwarze Punkte erkennbare Fruchtkörper ausgebildet werden. Dieser Pilz ist besonders aggressiv, und schon einige wenige Stellen können zum Absterben des Blattes führen. Alle Sorten Topf- und Schnittchrysanthemen sind hochgradig anfällig für diese Krankheit.

Blattfleckenkrankheit
Septoria chrysanthemella
an Chrysanthemenblatt.

Dagegen scheinen viele Chrysanthemen-Sorten gegen den zweiten Vertreter dieser Gattung, *Septoria chrysanthemella*, mehr oder weniger resistent zu sein.

Dieser Pilz verursacht nur wenige, kleinere, gelb umrandete, tiefschwarze Flecke auf den Blättern. An sich wirksame Behandlungen mit Captan, Zineb-Präparaten oder anderen organischen Fungiziden dürften sich meist erübrigen, weil das Abpflücken der befallenen Blätter – bei der gewöhnlich niedrigen Luftfeuchtigkeit im Zimmer – fast immer ausreicht, der Krankheit Einhalt zu gebieten und eine Gesundung der Chrysantheme herbeizuführen.

7.15 Blattfleckenkrankheit an Senecio

Auf dieser schönen, in vielen Blütenfarben erhältlichen Zimmerpflanze, meist besser unter dem Namen Cinerarie bekannt, kann eine Blattfleckenkrankheit – *Alternaria senecionis* – auftreten, die sich in zahlreichen, über die Blattspreite verstreuten, rötlich- bis olivbraunen oder schwarzen, ziemlich eckigen Flecken mit aschgrauer Mitte äußert. Die Flecke können zu größeren Partien zusammenfließen und die Blätter, besonders die älteren, zum Absterben bringen. Auch die Blattstiele können befallen werden, wobei längliche, dunkle Flecke entstehen.

Mit Schwefel/Zineb-Präparaten oder ähnlichen Fungiziden, mit denen man die Blätter bestäubt, läßt sich der Pilz einigermaßen erfolgreich bekämpfen. Da Cinerarien aber im Zimmer gewöhnlich nur die kurze Zeit während ihrer Blüte verbleiben, lohnt der Einsatz von Fungiziden in der Regel den Aufwand nicht.

7.16 Wurzel- und Knollenfäule der Cyclamen

Vielleicht ist es Ihnen auch schon passiert, daß ein völlig gesund aussehendes Alpenveilchen innerhalb kurzer Zeit erkrankt und fast eingeht. Die älteren Blätter der Pflanze vergilben, welken und hängen schlapp herunter, der Wuchs hört auf, und oft stehen

Wurzel- und Knollenfäule, *Thielaviopsis basicola*, an *Cyclamen*.

nach einigen Tagen nur noch die Blütenstiele aufrecht da.

In besonders schweren Fällen kann es passieren, daß die Pflanze mitsamt der Knolle, aber ohne Wurzeln, aus dem Topf fällt.

Bei dieser Krankheit haben wir es mit der *Cyclamen*-Wurzel- und Knollenfäule zu tun, die durch zwei einzeln oder gemeinsam auftretende Pilze hervorgerufen wird. Von diesen beiden befällt *Thielaviopsis basicola* mehr die feineren Wurzelverzweigungen, während *Cylindrocarpon radicicola* in erster Linie die Hauptwurzeln unter der Knolle zerstört, was zum Umfallen und Absterben der Pflanze führt. Auf der Knolle sieht man bei jüngeren Pflanzen häufig eingesunkene Flecke, bei älteren Pflanzen tiefe Risse.

Diese Krankheiten sitzen schon in der Pflanze, wenn man sie kauft; da aber der Gärtner seine *Cyclamen* ziemlich kühl kultiviert, fällt dies beim Kauf noch nicht besonders auf. Im warmen und lufttrockenen Wohnzimmer dagegen muß das Wurzelwerk den Blättern viel Feuchtigkeit liefern, ist dazu aber nicht mehr oder kaum noch imstande, da es zum Teil abgestorben ist; die Folge sind die vorstehend beschriebenen Symptome.

In Gärtnereien kann die Krankheit zu ganz erheblichen Ausfällen führen, der Kunde aber kann sich beim Kauf, sofern er gut aufpaßt, Ärger und Verlust ersparen. Eine Infektion gesunder Pflanzen in der Fensterbank dürfte, angesichts der kleinklimatischen Verhältnisse im Zimmer, nicht zu befürchten sein.

Wie auch für andere Wurzelpilze gilt auch hier, daß sie nicht mehr bekämpft werden können, wenn sie erst einmal vorhanden sind und die Schäden sichtbar werden. Man kann höchstens versuchen, zu verhüten, daß ein anfänglicher leichter Befall sich rasch ausbreitet, indem man *Cyclamen* nicht zu warm stellt, vorsichtig gießt und wenig Mineraldünger gibt, um den Boden nicht zu versalzen.

7.17 Blattschwielenkrankheit bei Palmen, »Falscher Brand«

Hauptsächlich auf den Blättern der Dattelpalme *(Phoenix canariensis)*, *Chamaerops* u. a. tritt der Brandpilz *Graphiola phoenicis* auf. Er bildet hier kleine, harte, schwarze Wärzchen oder Schwielen, die Fruchtkörper, von 1–2 mm Länge mit Massen von kugeligen, gelben bis hellbraunen Sporen. Rund um diese Anhäufungen von Sporenbehältern verfärbt sich das Blatt gelb und kann bei starkem Befall vorzeitig absterben.

Dieser Pilz ist in allen tropischen und subtropischen Gebieten verbreitet und kommt zu uns durch Importe von Palmen. Wirksame Bekämpfungsmaßnahmen gegen diesen Pilz sind nicht bekannt. Das Abpflücken schon der leicht befallenen Blätter dürfte in vielen Fällen bereits zu einem befriedigenden Ergebnis führen. Eventuell sind mehrere Spritzungen mit organischen Fungiziden und Netzmittelzusatz am Platze.

Auf jeden Fall sollte man, vor allem beim Kauf von *Phoenix*-Palmen, sorgfältig darauf achten, ob die Pflanze die vorstehend beschriebenen Symptome zeigt.

7.18 Blattfleckenkrankheit der Primel

Bei fast allen *Primula*-Arten kann eine durch den Pilz *Ramularia primulae* hervorgerufene Blattfleckenkrankheit ernsten

Schaden verursachen, vor allem an den etwas älteren Blättern.

Das Befallsbild zeigt teils runde, teils eckige, bleiche, ockergelbe Flecke, die sich später bräunlich verfärben und stets von einer gelben Randzone umgeben sind. Auf der Blattunterseite zeigt sich an diesen Stellen ein weißer Schimmelrasen. Besonders in Perioden niedriger Temperatur und hoher Luftfeuchtigkeit kann der Pilz beträchtlichen Schaden anrichten.

Die Bekämpfung, sofern überhaupt notwendig, besteht in einer mehrmaligen, in Abständen von etwa 14 Tagen durchzuführenden Behandlung der Blätter, zum Beispiel mit einem Zineb- oder Mancozeb-Präparat oder einem anderen wirksamen Fungizid, wobei besonders sorgfältig die Blattunterseiten getroffen werden müssen.

Zur Vermeidung von Spritzflecken ist ein Netzmittelzusatz zu verwenden oder, besser noch, das Besprühen anzuwenden.

8 Bakterienkrankheiten, Bakteriosen

Bakterien sind, in gleicher Weise wie Pilze, Krankheitserreger, die zum Pflanzenreich gehören. Sie sind außerordentlich klein, meist nur etwa 0,001 mm, und kommen praktisch überall vor. In der Luft, im Wasser, in der Erde, in Pflanzen, in Körpern von Tieren und Menschen, überall trifft man Bakterien an. Zum Glück ist der weitaus größte Teil von ihnen völlig harmlos; im Gegenteil, sie sind nützlich und helfen z. B. beim Abbau toter, organischer Substanz, die auf diese Weise wieder anderen, lebenden Organismen für Aufbau und Nahrung zur Verfügung gestellt wird.

Lungenentzündung, Cholera, Typhus und Diphtherie sind einige gefährliche Bakterienkrankheiten, die den Menschen bedrohen. *Pseudomonas, Agrobacterium, Erwinia* und *Xanthomonas* sind die wissenschaftlichen Namen einiger bakterieller Erreger von Pflanzenkrankheiten. Im Gegensatz zu den Pflanzen hat der Mensch jedoch einen großen Vorteil. Mit Hilfe von Antibiotica können wir Menschen in vielen Fällen wieder gesunden, während dies bei Pflanzen nicht möglich ist. Es gibt bis heute keine Mittel, mit denen wir von Bakterien befallene Pflanzen heilen können.

Pflanzen sind jedoch durchaus in der Lage, mit bestimmten Bakterienkrankheiten zu leben, auch wenn mitunter ihr Zierwert eine gewisse Einbuße dabei erleidet. Im allgemeinen kann man sagen, daß Bakterienkrankheiten stets nur mit neuen Pflanzen in das Zimmer gelangen. Auf der Fensterbank voller gesunder Pflanzen werden niemals Pflanzen plötzlich, aus heiterem Himmel, von einer Bakteriose befallen. Man kann sich Bakterienkrankheiten aber auch ins Haus holen mit Stecklingen, die man aus einem fernen Urlaubsort mitbringt. Ein bekanntes Beispiel dafür ist der Bakterienkrebs *Pseudomonas tonelliana* des Oleanders *(Nerium oleander),* der schon manchmal mit Stecklingen von Pflanzen aus dem Mittelmeergebiet eingeschleppt worden ist. Schließlich kann man auch beim Stecklingschneiden Bakterienkrankheiten mit dem Messer von kranken Pflanzen auf gesunde übertragen.

Am leichtesten dringen Bakterien über Verletzungen in gesundes Pflanzengewebe ein. Eine besonders verhängnisvolle Rolle können hierbei Wassertropfen als Überträger spielen, ja selbst durch aufspritzende Wassertropfen beim Gießen können Neuinfektionen entstehen.

Die enorme Ansteckungsgefahr und die Tatsache, daß wir über keinerlei Bekämpfungsmittel verfügen, veranlassen uns zu der dringenden Empfehlung, bei der Feststellung einer Bakterienkrankheit an einer Zimmerpflanze diese sofort, einschließlich der Erde und des Blumentopfes, restlos zu vernichten.

Da die meisten bakteriellen Krankheitserreger nur auf einer bestimmten Pflanzenart oder einer Gruppe von Pflanzen vorkommen, sollen die Krankheiten in diesem Kapitel des Buches ausschließlich nach ihrer Bindung an die jeweiligen Wirtspflanzen abgehandelt werden. Vorausgeschickt sei jedoch, daß es glücklicherweise überhaupt nur wenig Zimmerpflanzenarten gibt, die unter Bakteriosen zu leiden haben.

Bakterien sind, wenn man alle Vor- und Nachteile ihrer Existenz und Tätigkeit gegeneinander abwägt, ein unentbehrliches und segensreiches Regulativ allen Lebens auf der Erde. Sowohl im Boden, im Meer, als auch in allen lebenden Organismen sorgen sie für den notwendigen geregelten Ablauf aller Lebensvorgänge, die ohne ihre Mitwirkung undenkbar wären.

»Ölfleckenkrankheit« an Begonie. Erreger: *Xanthomonas begoniae.*

8.1 Blatt- und Stengelbakteriose an Begonien, »Ölfleckenkrankheit«

Erreger ist das Bakterium *Xanthomonas begoniae.* Auf den Blättern entstehen kleine, runde Flecke, die bei durchfallendem Licht den Eindruck von Fett- oder Ölflecken machen. Das übrige Blatt zeigt eine graugrüne Farbe. Die rasch zahlreicher werdenden Flecke fließen zu größeren zusammen. Das befallene Blattgewebe wird in der Folge gelb, stirbt ab und trocknet zu unregelmäßigen braunen Flecken ein. Die Blattnerven bleiben dabei deutlich als tiefbraune oder schwarze Linien erkennbar.

Von den Blättern breitet sich die Krankheit auf die Blattstiele und Stengel aus. Auf ihnen entstehen aber nicht erst die typischen Ölflecke, sondern die Blattstiele und Stengel verfärben sich schwärzlich, werden schlaff und knicken um. Die Blätter sind damit von der Saftzufuhr abgeschnitten, erhalten ein bleiernes Aussehen und sterben ab. Wenn man kranke Stengel oder Blattstiele anschneidet und leicht drückt, tritt aus der Schnittwunde ein schwach gelblicher Schleim aus.

Es sind vor allem zu hohe Temperaturen, eine zu hohe relative Luftfeuchtigkeit sowie das ständige Naßhalten der oberirdischen Pflanzenteile durch zu häufiges Besprühen, die zusammen das Auftreten dieser Bakteriose begünstigen. Dies bedeutet, daß man Begonien einen trockenen, luftigen und verhältnismäßig kühlen Standort geben sollte. Die meisten Begonien-Arten fühlen sich ja auch im Zimmer auf der nicht zu warmen Fensterbank außerordentlich wohl. Der feuchte und warme Wintergarten ist wegen der Gefahr des Auftretens der Ölfleckenkrankheit ein weniger geeigneter Platz für Begonien.

Bakterienkrankheiten, Bakteriosen

8.2 Fettfleckenkrankheit an Hedera, Efeukrebs

Verursacht wird diese Krankheit durch das Bakterium *Xanthomonas hederae*. Auf den Stengeln entstehen bis zu mehreren Zentimetern lange, braune bis schwarze Flecke, die mitunter den Stengel total umfassen. Als Folge dieser Umgürtung stirbt der darüber befindliche Stengelteil ab.

Die Blätter zeigen anfangs durchsichtige, gewöhnlich leuchtendgelb umrandete »Fettflecke«, die sich rasch bis zu 2 cm Durchmesser ausweiten können. Diese kranken Stellen trocknen schließlich ein und fallen aus dem Blatt, entsprechende Löcher hinterlassend.

Insbesondere werden Pflanzen, die man zu feucht hält und zu üppig düngt, von dieser Bakteriose heimgesucht.

8.3 Bakterien-Blattfleckenkrankheit und Stengelfäule an Pelargonium

Der Erreger dieser Bakteriose heißt *Xanthomonas pelargonii*. Zu Beginn zeigen sich auf der Unterseite älterer Blätter ölig durchscheinende Pünktchen, die sich rasch zu runden Flecken mit rötlicher oder graubrauner Mitte und gelbgrüner Randzone vergrößern. Erst in diesem Stadium wird der Befall auf der Oberseite der Blätter sichtbar. Die Krankheit äußert sich mitunter auch in Form ziemlich eckiger, gelbbrauner Flecke, die durch die Blattnerven begrenzt werden. Am Ende vertrocknen die stärker befallenen Blätter.

Auch auf den Stengeln treten schwarze Flecke auf, aus denen Bakterienschleim austritt. Ganz charakteristisch ist eine

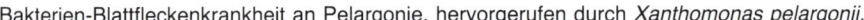

Bakterien-Blattfleckenkrankheit an Pelargonie, hervorgerufen durch *Xanthomonas pelargonii*.

schwarze V-Zeichnung, die auf den Stengeln jeweils unter einer Blattansatzstelle in Erscheinung tritt. Diese Krankheit befällt sowohl Hängegeranien *(Pelargonium peltatum)*, als auch das gewöhnliche *Pelargonium zonale.* Da Geranien häufig vom Pflanzenliebhaber über Winter gehalten und selbst vermehrt werden, ist es ratsam, sie im Garten oder Blumenkasten schon im Nachsommer genau zu untersuchen. Pflanzen mit den vorstehend beschriebenen Symptomen sollten sofort vernichtet werden. Stecklinge dürfen nur von eindeutig gesunden Pflanzen mit einem scharfen Messer geschnitten werden, das vorsichtshalber bei jeder neuen Mutterpflanze durch Tauchen in 90%igen Alkohol desinfiziert wird. Den Alkohol kann man dann mit einem Streichholz anstecken und verbrennen.

Bakterienkrebs an Oleander. Erreger: *Pseudomonas tonelliana.*

8.4 Bakterien-, Blatt- und Stengelbraunfäule

An Orchideen, z. B. *Cattleya, Dendrobium, Phalaenopsis, Cypripedium* und *Epidendrum* kann eine durch *Erwinia cypripedii* und *Erwinia carotovora* verursachte Bakteriose auftreten.

Die ersten Anzeichen dieser Krankheit sind auf den Blättern weiche, naßfaule Flecke, die sich in einem fortgeschrittenen Stadium braun oder schwarz verfärben. Auch auf die Stengel greift die Krankheit über. Die Zahl der Flecke nimmt rasch zu, das befallene Gewebe sinkt ein, und die oberhalb der Befallsstelle gelegenen Pflanzenteile sterben nach kurzer Zeit ab.

Zur Bekämpfung werden die befallenen Blätter und Stengel abgeschnitten und vernichtet. Wenn dies nicht hilft, muß die ganze Pflanze weggeworfen werden. Da die Bakterien leicht durch Wasserspritzer verbreitet werden, soll man das Gießwasser vorsichtig nur auf die Topferde bringen, die Blätter aber trocken lassen. Diese Empfehlung gilt natürlich nur für den Fall, daß in einem größeren Bestand bereits erste Befallsymptome wahrgenommen wurden.

8.5 Bakterienkrebs an Oleander

Erreger: Das Bakterium *Pseudomonas tonelliana.* Diese Krankheit ist weit verbreitet in den Mittelmeerländern, kann aber – wie bereits erwähnt – durch Oleander-Stecklinge, die wir aus dem Urlaub mitbringen, auch zu uns in die Wohnung gelangen.

Die Krankheitssymptome treten sowohl auf Stengeln als auch auf Blättern auf, Stengelsymptome jedoch nur auf den einfachblü-

Bakterienkrankheiten, Bakteriosen

henden und Blattsymptome ausschließlich auf den gefülltblühenden Sorten.

Auf den Blättern zeigt sich Erstbefall in wenige Millimeter großen, hellgrünen, wäßrigen Flecken. Diese werden rasch größer und entwickeln in ihrer Mitte kleine braune, warzenartige Anschwellungen.

Bei Befall der Stengel, hauptsächlich an den Ansatzstellen der Blattstiele und dort, wo das Gewebe beschädigt ist, entstehen rindenbrandartige Wucherungen.

Sowohl die befallenen Blätter als auch die kranken Stengel zeigen oberhalb der Wucherungen gekrümmt wachsende Triebe. Wenn Sie diese Symptome auf Ihrem Oleander *(Nerium)* bemerken, sollten Sie diese Pflanzen zum Schutz der noch gesunden Oleander sofort beseitigen und vernichten.

8.6 Wurzelkropf, Bakterienkrebs

Wurzelkropf, verursacht durch das im Boden lebende Bakterium *Agrobacterium tumefaciens,* kann auf vielen Zimmerpflanzen vorkommen, wie z. B. Begonien, Kakteen, Chrysanthemen, Pelargonien *(Pelargonium),* Weihnachtsstern *(Euphorbia pulcherrima)* usw.

Hauptsächlich am Wurzelhals, aber auch an Teilen der Hauptwurzeln findet man dunkelbraune, kropfförmige, warzenartige Auswüchse. Nur selten treten diese Symptome weiter oben am Stengel oder Stamm auf. Stark befallene Pflanzen sind geschwächt und kümmern, da die Bakterien den Wassertransport in die oberirdischen Pflanzenteile behindern und die von der Pflanze den Wurzeln zugedachten Bildungsstoffe selbst verbrauchen.

Bekämpfung: Wurzelbeschädigungen vermeiden, frische, einwandfreie Erde verwenden, kranke Pflanzen rechtzeitig beseitigen, keine kranken Pflanzen vermehren.

8.7 Weitere Bakterienkrankheiten

Abweichend von den vorstehend beschriebenen Wucherungen, die eindeutig durch Krebsgeschwülste erzeugende Bakterien entstehen, sind die mehr blattartigen Gallen, die durch *Corynebacterium fascians* verursacht werden. Hierbei entstehen kurze, anormal verdickte Triebe oder fleischige, oft verbänderte Sprosse mit vielen stark verkrüppelten, gelbgrünen Blättern. Solche blumenkohlartigen Sproßanhäufungen bilden sich vorwiegend an der Stengelbasis, dicht über oder knapp unter der Bodenoberfläche.

Befallen werden u. a. Zierspargel *(Asparagus),* Begonien, Chrysanthemen, *Pelargonium* sowie draußen im Garten *Tagetes,* Petunien, Gladiolen, *Phlox* u. a.

Wie bei *Agrobacterium tumefaciens* geht auch bei *Corynebacterium fascians* die Infektion stets vom Boden aus. Die Bakterien dringen durch kleine Verletzungen an den Wurzeln in die Pflanze ein. Auch gegen diese Krankheit gibt es keine direkten Bekämpfungsmöglichkeiten.

Als Vorbeugungsmaßnahme sei empfohlen, beim Umpflanzen niemals alte, schon einmal gebrauchte Erde zu verwenden sowie kranke Pflanzen unbedingt zu vernichten, sie aber niemals auf den Komposthaufen zu werfen. Denn die Komposterde gelangt doch irgendwann wieder einmal in den Garten und kann diesen erneut verseuchen. Es gibt nämlich auch unter den Freilandpflan-

Das Brutblatt *Kalanchoë pinnata*
(Syn. *Bryophyllum pinnatum*),
von *Agrobacterium tumefaciens*
befallen.

Der Wurzelkropf, *Agrobacterium tumefaciens,*
an *Coleus-Blumei*-Hybride.

Blattartige Gallen an Pelargonie,
hervorgerufen durch
Corynebacterium fascians.

zen viele Bäume, Sträucher und einjährige Pflanzen, die von diesem Bakterium heimgesucht werden können.

An Zimmerpflanzen kann eine weitere Art, *Erwinia chrysanthemi,* gelegentlich einigen Schaden anrichten, wenngleich gesagt werden muß, daß die betroffene Pflanze schon durch andere Ursachen geschwächt und mehr oder weniger hinfällig geworden ist.

So werden bei Alpenveilchen *(Cyclamen)* und Usambaraveilchen *(Saintpaulia)* zunächst die Blattstiele glasig und schlapp, worauf sich die Krankheit schnell auf alle übrigen Teile der Pflanze ausbreitet. Vor allem bei länger anhaltendem warmem Wetter können die Pflanzen in kurzer Zeit völlig zusammenbrechen.

Die gleichen Symptome zeigt die *Dieffenbachia:* Auch hier werden zuerst die Blattstiele befallen, anschließend welken die Blätter und sterben ab. Oft auch ist die Stelle, an der das Blatt in den Blattstiel übergeht, etwas schleimig.

In allen diesen Fällen ist schnelles Beseitigen und Vernichten der kranken Pflanzen die einzige Bekämpfungsmöglichkeit.

Abschließend soll aber noch einmal mit Nachdruck betont werden, daß, auch wenn dieses Kapitel über Bakterienkrankheiten eine entmutigende Wirkung ausüben sollte, alle diese Krankheiten gottlob nur sehr selten an unseren Zimmerpflanzen vorkommen.

Oben:
Schadbild der *Dieffenbachia,* hervorgerufen durch *Erwinia chrysanthemi.*

Unten:
Erwinia chrysanthemi an *Dieffenbachia.*

9 Viruskrankheiten, Virosen

Obwohl nur wenig Pflanzen auf der Fensterbank von Viruskrankheiten befallen sind oder es vielleicht noch werden, soll diese Gruppe von Krankheitserregern der Vollständigkeit halber nicht unerwähnt bleiben. Man kann sogar behaupten, daß der Pflanzenliebhaber selbst eher von Viruskrankheiten befallen wird als seine Pflanzen.

Eine kleine Grippe – wenigstens wird eine kräftige Erkältung oft so bezeichnet –, die wir alle jederzeit kriegen können, ist z. B. eine, wenn auch verhältnismäßig harmlose Viruskrankheit des Menschen. Aber auch Mumps (Ziegenpeter), Masern, Windpocken und die gefürchtete Kinderlähmung gehören zu den Viruskrankheiten.

Auch wenn Sie selbst auf Ihrer Fensterbank keine Viruskrankheit entdecken können, ohne Bedeutung sind sie in der Pflanzenwelt bestimmt nicht.

Zahlreiche Virosen bedrohen auf der ganzen Erde die für die Ernährung der Menschen lebenswichtigen Pflanzenkulturen und können katastrophale Ernteverluste, ja sogar vollständige Mißernten verursachen. In den letzten Jahrzehnten hat die Wissenschaft viel auf dem Gebiet der Viruskrankheiten erforscht, deren Erreger zuvor noch völlig unbekannt waren. Man sah wohl die Auswirkungen eines Virusbefalls, konnte aber keinen Pilz, keine Bakterien und keine tierischen Parasiten finden und stand daher vor einem Rätsel.

Dies ist vor allem der Tatsache zuzuschreiben, daß die Erreger von Virosen so unvorstellbar klein sind, daß man sie mit Lupe oder gewöhnlichem Mikroskop nicht sichtbar machen kann. Hier mißt man in der Größenordnung von Teilen eines Millionstel Millimeters. Diese »Größe« bezeichnet man in der Wissenschaft als ein Millimikron (1 Mikron = 1 μ = 1 Tausendstel mm;

1 Millimikron = 0,001 μ = 0,000 001 mm, d. h., der tausendste Teil eines tausendstel Millimeters oder 1 Millionstel mm = 1 mμ). Im allgemeinen liegt die Größe der kugelförmigen Pflanzenvirus-Teilchen zwischen 18 und 30 Millimikron, die der stab- und fadenförmigen zwischen 300 und 1800 Millimikron. Die einzelnen Virusteilchen sind zwar klein, keineswegs klein aber ist ihre Menge, so daß sie trotzdem in der Lage sind, ausgewachsene Pflanzen vollkommen »kleinzukriegen«. Was die Größe und chemische Zusammensetzung der Virus-Teilchen betrifft, so besteht kein grundsätzlicher Unterschied zwischen den Erregern

Virose an Flamingoblume *(Anthurium);* Mißbildungen der Blätter und Auswüchse, sog. Enationen, auf der Blattunterseite.

Viruskrankheiten, Virosen

menschlicher und pflanzlicher Virosen. Von großer Bedeutung jedoch ist, daß wir Menschen wieder gesunden können. Unser Körper bildet gegen die meisten Erreger von Viruskrankheiten Antistoffe, die die Viren, einfach ausgedrückt, bekämpfen und vernichten. Eine Pflanze ist dazu nicht in der Lage und bleibt daher, einmal infiziert, ständig viruskrank.

Pflanzen können deutlich sichtbar befallen sein, das heißt, es zeigen sich bestimmte Krankheitssymptome, die wir wahrnehmen können. Pflanzen können aber auch latent verseucht sein; in diesem Falle steckt zwar eine Viruskrankheit in der Pflanze, es zeigen sich aber keinerlei Krankheitssymptome; wir sprechen von einem maskierten oder latenten Befall. Hier zeigen sich Virus-Symptome allenfalls nur zu bestimmten Jahreszeiten oder unter dem Einfluß ganz bestimmter Kulturmaßnahmen.

Um festzustellen, ob ein bestimmtes Krankheitssymptom durch ein Virus verursacht wird oder nicht, muß der Wissenschaftler in der Lage sein, die Anwesenheit eines solchen nachzuweisen.

Hierzu stehen ihm verschiedene Untersuchungsmethoden zur Verfügung. Er kann sich eines Elektronenmikroskopes bedienen, eines höchst komplizierten Gerätes, das uns für unsere Begriffe unvorstellbare Vergrößerungen liefert. Bis zu hunderttausendfache Vergrößerungen sind möglich. Um uns von dieser Vergrößerung und der Kleinheit eines Virus-Teilchens einen Begriff zu machen, wollen wir uns einmal die hunderttausendfache Vergrößerung z. B. eines Streichholzes vorstellen: Dieses würde sich, bildlich gesprochen, in einen Balken von 4,5 km Länge und 200 m Breite und Höhe verwandeln.

In dem vorher präparierten Tröpfchen Pflanzensaft entdeckt man bei Vorhandensein einer Virose unter dem Elektronenmikroskop Teilchen, deren Form und Größe so charakteristisch sein können, daß es möglich ist, allein an Hand dieser Gegebenheiten zu bestimmen, mit welcher Viruskrankheit man es zu tun hat.

Außer der Sichtbarmachung der Virus-Teilchen im Elektronenmikroskop kennt der Wissenschaftler noch weitere Untersuchungsmethoden wie den serologischen Test und die Saftinokulationsmethode auf Indikatorpflanzen. Hierbei wird Saft von der zu untersuchenden Pflanze durch Aufstreichen auf eine gesunde Testpflanze, manchmal einer fremden Gattung, übertragen und beobachtet, ob an dieser ganz bestimmte typische Symptome auftreten. Solche Symptome können sein: Wuchshemmung, eventuell verbunden mit einer Reduzierung der Frucht- und Samenernte, Verfärbungen wie Chlorose, Vergilbung, Mosaik, Flecken, besonders Ringflecken, Blattzeichnungen und Buntscheckigkeit, schlechte Blütenfarbe, Welkeerscheinungen, Verdorren und Vertrocknen, Absterberscheinungen (Teilnekrosen, Absterben der ganzen Pflanze), Mißbildungen, schmale oder gekräuselte Blätter, Rosettenbildung, Tumore, Hexenbesenwuchs usw. Manche dieser Symptome können leicht verwechselt werden mit Krankheitsbildern, die genetisch bedingt sind oder durch Mangelkrankheiten, giftigen Insektenspeichel, Befall mit Pilzen und Bakterien und dergl. hervorgerufen werden. Um zu verhüten, daß eine falsche Diagnose gestellt wird, sollte deshalb verdächtiges Material stets erst exakt mit Hilfe einer der vorstehend genannten Methoden untersucht und getestet werden.

Viruskrankheiten werden übertragen durch

Pflanzensaft, Blütenstaub, Erde, durch Berührung sowie durch vegetative Vermehrung, wenn Teile kranker Mutterpflanzen verwendet werden.

Virusverseuchter Pflanzensaft kann übertragen werden mit dem Messer beim Stecklingschneiden, häufiger erfolgt dies jedoch durch saugende Insekten wie Blattläuse, Zikaden, Thrips, in manchen Fällen sogar durch die Weiße Fliege, sowie durch Milben oder Älchen. Allein schon aus diesem Grunde ist eine sorgfältige Bekämpfung der genannten Schädlinge zu empfehlen.

Nun sind, wie schon erwähnt, sicher die meisten Zimmerpflanzen, die man kauft, frei von Viruskrankheiten. Nicht allgemein bekannt ist aber, daß es manchmal gerade Viruskrankheiten sind, die den besonderen Reiz einer Pflanze ausmachen. Der gewöhnliche grünblättrige Zimmerahorn (Abutilon) z. B. wird wenig gekauft, in den Blumengeschäften sieht man viel häufiger die buntblättrige Form. Diese Buntblättrigkeit aber wird durch eine Virose verursacht, die in tropischen Gebieten durch die Weiße Fliege von kranken auf gesunde Pflanzen übertragen wird.

Da eine viruskranke Pflanze in der Regel in allen ihren Teilen verseucht ist, leuchtet ein, daß Stecklinge von buntblättrigen Abutilon auch wieder Buntblättrigkeit zeigen.

Nach dieser, für dieses schwierige Gebiet sehr kurz gefaßten und vereinfachten Einführung sollen nun die an Zierpflanzen am häufigsten vorkommenden Viruskrankheiten näher besprochen werden. Es muß hierzu aber vermerkt werden, daß diese Aufzählung natürlich bei weitem nicht vollständig sein kann, da ständig immer neue Abweichungen vom normalen Erscheinungsbild der Pflanzen entdeckt werden, die virusverdächtig sind. Dort, wo die Übertragung des

Virus durch tierische Schädlinge erfolgt, die sich erfolgreich bekämpfen lassen, wird im Text jeweils darauf hingewiesen werden.

Achimenes, Schiefteller: Auf den Blättern zeigen sich kleinere und größere, aus einem oder mehreren Kreisen bestehende Ringe. Außerdem sieht man wellenförmig verlaufende, aus einzelnen Linien aufgebaute Bänder. Es ist dies die sog. Ringfleckenkrankheit, die durch ein auf der Tabakpflanze vorkommendes Virus hervorgerufen wird.

Anthurium, Flamingoblume: Bei dieser Topfpflanze tritt eine Virose auf, die durch das sogenannte Gurkenmosaikvirus verursacht wird. Die Blattadern werden gelb, es entstehen orangefarbene Blattflecke, und schließlich tritt Blattfall ein. Die Übertragung des Virus erfolgt durch Blattläuse. Anthurien werden außerdem vom Dasheen Mosaikvirus befallen, das auch auf *Dieffenbachia,* Aronstab und *Rhododendron* vorkommt. Bei dieser Krankheit zeigen die Blätter mehr oder weniger schwere Mißbildungen, und die Blüten bleiben in ihrer Entwicklung zurück. Übertragung ebenfalls durch Blattläuse.

Begonia, Begonie: Obwohl das Gurkenmosaikvirus hauptsächlich auf Knollenbegonien angetroffen wird, können aber auch die anderen Begonien-Arten gelegentlich davon befallen werden. Man findet dann auf den Blättern Flecke, die aus feinen, gelbgrünen Linienmustern bestehen, die an Fingerabdrücke erinnern. Später werden diese Flecke braun. Auch hier sind wieder Blattläuse für die Ausbreitung verantwortlich.

Kakteen: Grellgelbe, durchscheinende, leicht eingesunkene und unscharf begrenzte

Viruskrankheiten, Virosen

Flecke, die sich in unregelmäßigen Formen im wesentlichen vom Blattrand her auf den Mittelnerv zu ausdehnen, findet man gelegentlich auf *Zygocactus, Rhipsalidopsis* und *Epiphyllum.* Diese Symptome sind charakteristisch für das auf dem Gliederkaktus und dem Weihnachtskaktus vorkommende *Epiphyllum*-Mosaikvirus.

Auf den Unterlagen der gegenwärtig stark gefragten veredelten Kakteen kann man zu größeren Befallstellen zusammenlaufende, gelbe, leicht eingesunkene Flecke feststellen. Mitunter kommen auch etwas verschwommene, konzentrische, gelbe Ringe vor.

Dieses Schadbild wird verursacht durch das Kakteen-Virus X, doch vermutlich handelt es sich bei beiden geschilderten Virosen um ein und dieselbe Krankheit.

Campanula isophylla, Glockenblume: Der Wuchs dieser Glockenblumen-Art läßt erheblich nach, wenn sie vom *Arabis*-Mosaikvirus heimgesucht wird. Auf den Blättern zeigen sich gelbe Streifen, Ringe oder Zickzacklinien. Kranke *Campanula* stellen eine Gefahr für zahlreiche andere Pflanzen dar, weil dieses Virus viele Wirtspflanzen besitzt und durch Thripse leicht verbreitet werden kann.

Dieffenbachia, Dieffenbachie: Das bereits bei *Anthurium* erwähnte Dasheen Mosaikvirus hemmt bei *Dieffenbachia* das Wachstum in der Weise, daß die Spitze nicht mehr austreibt und nicht weiterwächst. Auffallend ist ferner eine Braun-Verfärbung der Blattnerven. Das Blatt mit seinem normalen, schönen Mosaik nimmt eine gelbliche und schmutzig-weiße Farbe an. Die Blattränder können einreißen und von außen her absterben.

Hippeastrum, Ritterstern, Amaryllis: Auf den Blättern dieser Pflanze treten verschiedene Symptome auf, die durch folgende zwei Viren verursacht werden:

Hippeastrum-Mosaikvirus, erkennbar an einer hellgrünen Mosaikzeichnung auf den Blättern oder an kleinen, hellgrünen, von dunkelgrünem Gewebe umgebenen Blattpartien.

Gurkenmosaikvirus, das große, gelbe, ineinander übergehende Linien und Ringe auf den Blättern hervorruft. Übertragung durch Blattläuse.

Hydrangea, Hortensie: Das *Hydrangea*-Ringfleckenvirus äußert sich in ringförmigen Aufwölbungen an den älteren Blättern. Diese zeigen meist eine asymmetrische Form und sind etwas gekräuselt oder eingerollt. Gleichzeitig ist der Blütenflor stark reduziert.

Orchideen: Auf diesen exotischen und meist recht kostbaren und auch außergewöhnlich dekorativen Pflanzen können zahlreiche Virosen auftreten, die teils ziemlich harmlos, teils aber nahezu tödlich für die Pflanzen sind. Doch haben wir es bei uns im wesentlichen nur mit zwei Viruskrankheiten zu tun, die durch deutliche Symptome gekennzeichnet sind.

Das erste und gefährlichere Virus ist das *Odontoglossum*-Ringfleckenvirus, das längliche, ziemlich undeutliche, gelbgrüne Flecke auf den Blättern hervorruft. Oft nehmen diese Flecke eine Art Keilform an. Diese Symptome kann man besonders auf den jüngeren Blättern gut wahrnehmen. Bei älteren Pflanzen leidet auch erheblich die Farbenpracht der Blüten, wobei die Farben durcheinander zu laufen scheinen (Blütenbuntscheckigkeit).

Deformierung und Vergrünung der Blüten bei Hortensie (vermutlich Mycoplasma).

Pelargonienblatt, von der virösen
Ringfleckigkeit befallen.

Viruskrankheiten, Virosen

Das zweite Orchideen-Virus ist das *Cymbidium*-Mosaikvirus, das sich in chlorotischen Flecken und eingesunkenen nekrotischen Strichelchen auf den jüngeren Blättern äußert. Auf den älteren Blättern verwandeln sich diese Merkmale zu schwarzen Flecken. Dieses Virus verursacht einen etwas geringeren Schaden, weil hier keine Beeinträchtigung der Blütenfarben erfolgt.

Orchideen-Viren werden sehr leicht von kranken auf gesunde Pflanzen übertragen, wenn man mit dem Messer Blüten abschneidet oder die Pflanzen zur Vermehrung teilt.

Pelargonium, Pelargonie, Geranie: Viruskrankheiten an *Pelargonium* beeinträchtigen die Blattfarbe, den Wuchs und das Blühvermögen. Wir kennen im wesentlichen drei Krankheitsbilder auf den Blättern: Kleine, gelbe Flecke und Punkte; Auseinanderfließen oder völliges Verschwinden der für *Pelargonium zonale* charakteristischen dunklen Blattzone; hell- bis gelbgrüne Ringe und Tüpfel.

Diese Krankheitsbilder können getrennt oder auch gemeinsam auftreten. Oft sind auch die Blätter mehr oder weniger mißgestaltet. Auffallend ist, daß bei dieser Pflanze die Symptome vornehmlich im zeitigen Frühjahr, Februar/März, erscheinen. Danach verschwinden sie, doch heißt es aufpassen: das Virus ist trotzdem mit Sicherheit noch in der Pflanze vorhanden.

Primula, Primel: Das Tabaknekrosevirus hemmt die Pflanzen stark im Wuchs, die Blätter sind höckerig, mit braunen, abgestorbenen Flecken, und auch die Blüten erscheinen fleckig. Da das Virus im Boden aktiv bleibt, ist es ratsam, keine alte, gebrauchte Topferde aufzubewahren, um sie später noch einmal zu verwenden.

Das bereits erwähnte Gurkenmosaikvirus kann ebenfalls auf *Primula* vorkommen. Außer einer allgemeinen Wuchshemmung bringen die Pflanzen nur wenige, zudem noch fahlgefärbte Blüten zur Entwicklung. Übertragung wieder durch Blattläuse.

Damit sind wohl die wichtigsten und häufigsten Viruskrankheiten unserer Zimmerpflanzen abgehandelt.

Bei der Entdeckung einer viruskranken Pflanze wird man sich natürlich fragen, was zu tun ist. In den meisten Fällen dürfte der Rat lauten: Die Pflanzen wie bisher auf der Fensterbank stehen lassen, die potentiellen Überträger jedoch wirksam bekämpfen. Bei einigen Viruserkrankungen, vor allem der Orchideen, kann es für den Liebhaber oder Sammler vernünftiger sein, die kranken Pflanzen konsequent zu vernichten, bevor diese die ganze Sammlung verseuchen.

Nach neueren Erkenntnissen werden virusähnliche Symptome manchmal aber auch durch sogenannte Mycoplasmen hervorgerufen. Es sind dies Organismen, die nach ihrer Systematik sowie in ihrem Aufbau und ihrer Physiologie zwischen Viren und Bakterien einzuordnen sind.

Viröse Kräuselkrankheit an Pelargonie.

Tabaknekrosevirus an Tulpe.

10 Chemische Pflanzenschutzmittel...

Nach Feststellung einer Krankheit oder eines Schädlings an seinen Zimmerpflanzen wird jeder Pflanzenfreund vor der Frage stehen: Bekämpfen oder vernichten? Wenn man, wie es verständlicherweise wohl meistens der Fall sein wird, versuchen will, die Pflanze zu retten, dann muß man auch die Anwendung von Pflanzenschutzmitteln gutheißen und sich mit ihrem Gebrauch vertraut machen.

Nun stehen chemische Pflanzenschutzmittel heutzutage bei vielen Menschen in einem schlechten Ruf, manchmal sogar nicht zu unrecht.

Leider gibt es noch nicht für alle Fälle befriedigende und sicher wirkende alternative Bekämpfungsmethoden, so daß man um den Gebrauch bestimmter chemischer Mittel oft nicht herumkommt, um die Pflanzen gesund zu erhalten.

Im übrigen ist die Anwendung chemischer Pflanzenschutzmittel nun wirklich nicht erst ein Problem unserer Generation. Pflanzenkrankheiten und Schädlingsplagen gibt es, solange Menschen auf Erden leben, und Versuche, diese zu bekämpfen, sind ebenso alt wie die Menschheit selbst.

Arsen z. B. kennt man seit Beginn unserer Zeitrechnung, und schon im Mittelalter wurde es in China und bald darauf auch in Europa als Mittel zur Bekämpfung von fressenden Insekten gebraucht. Mit der Einführung von Tabak als Genußmittel erscheint Ende des 17. Jahrhunderts Nikotin auf der Bildfläche, später gefolgt von Pflanzenextrakten wie Pyrethrum und Derris. Noch später kommen Fluorverbindungen, Obstbaumkarbolineum und viele andere Stoffe als Insektenbekämpfungsmittel auf.

Die hauptsächlich im Weinbau so sehr gefürchteten Pilzkrankheiten wurden schon sehr früh mit Kupfer- und Schwefelmitteln bekämpft. Ein altes Mittel, die Bordeaux-Brühe, wird in südlichen Ländern auch heute noch als wirksames Mittel zur Bekämpfung des Falschen Mehltaues (*Peronospora viticola*) verwendet.

Den Fortschritten der Chemie ist es zuzuschreiben, daß sich im Laufe der Zeit, besonders nach dem Zweiten Weltkrieg, eine gewaltige Pflanzenschutzmittelindustrie entwickelte, die dafür sorgte, daß sich die Pflanzenschutzapotheken bei Landwirten und Gärtnern, aber auch bei den Pflanzenliebhabern mit großen Mengen neuer Präparate füllten. Die Zunahme war so enorm und zugleich gefährlich bedenklich, daß die zuständigen Pflanzenschutz- und Gesundheitsbehörden eine gesetzliche Regelung für unerläßlich hielten.

10.1 Vorschriften

Diese Entwicklung führte zum Erlaß eines grundlegenden Pflanzenschutzgesetzes und einer Reihe von Länderverordnungen über den Handel mit Giften und den Verkehr mit giftigen Pflanzenschutzmitteln. Eine bundeseinheitliche Neuordnung des Giftrechtes, in Anpassung an die EG-Richtlinien, ist zur Zeit in Vorbereitung. In diesen Verordnungen ist alles geregelt und vorgeschrieben, was zum Schutz des Verbrauchers notwendig ist. Nachstehend die wichtigsten Vorschriften und Hinweise:

Vor dem Einkauf soll sich jeder Anwender von Pflanzenschutzmitteln von seinem zuständigen Pflanzenschutzamt oder vom Fachhandel beraten lassen und prüfen, ob die Anwendung eines giftigen oder sehr giftigen Präparates unbedingt erforderlich ist oder ob ein weniger giftiges Mittel ausreicht.

... und ihre Anwendung

In jedem Falle dürfen nur Mittel gekauft werden, die von der Biologischen Bundesanstalt für Land- und Forstwirtschaft geprüft und zugelassen sind. Jede Packung muß das nachstehend abgebildete Zeichen der Biologischen Bundesanstalt und eine Zulassungsnummer aufweisen.

Anerkannte und zugelassene Pflanzenschutzmittel dürfen nur verkauft werden, wenn auf den Packungen deutlich lesbar angegeben ist:

- Bezeichnung des Mittels,
- die Zulassungsnummer,
- Name oder Firma des Herstellers,
- Art und Menge der wirksamen Bestandteile,
- die Anwendungsgebiete, Art und Zeit der Anwendung, Aufwandmenge, eventuell einzuhaltende Wartezeiten und ein Hinweis auf die Gefahren, die mit der Anwendung verbunden sind,
- das Verfallsdatum bei Mitteln mit zeitlich beschränkter Haltbarkeit,
- bei giftigen Pflanzenschutzmitteln die Kennzeichnung nach Giftrecht.

Der Anwender von Pflanzenschutzmitteln hat die Pflicht, die Hinweise auf dem Etikett und in der Gebrauchsanweisung sorgfältig zu lesen und zu beachten und dadurch sich und seine Umgebung zu schützen.

In bezug auf ihre Giftigkeit wurden die Pflanzenschutzmittel in der Vergangenheit in drei Giftabteilungen eingestuft:
1. Stark giftige Stoffe
2. Giftige Stoffe
3. Weniger giftige Stoffe.

Jede dieser Gruppen wurde durch ein besonderes Warnzeichen gekennzeichnet.

Inzwischen sind in den letzten Jahren, in Anpassung an die Richtlinien der Europäischen Gemeinschaft, in sämtlichen deutschen Bundesländern durch entsprechende Länderverordnungen über den Handel mit Giften neue, auf Seite 120 abgebildete Gefahrensymbole und Gefahrenbezeichnungen eingeführt worden.

Chemische Pflanzenschutzmittel ...

Gefahrensymbole und -bezeichnungen für Pflanzenschutzmittel.

Giftige Pflanzenschutzmittel, die bisher in die Giftabteilung 1 eingestuft wurden, werden nunmehr mit dem unter dem Kennbuchstaben »T« dargestellten Totenkopf gekennzeichnet. Die Mittel der vormaligen Giftabteilung 2 werden, je nach ihrer Toxizität, entsprechend den Kennbuchstaben »T« oder »Xn« eingestuft. Die Mittel der alten Giftabteilung 3 erhalten die unter dem Kennbuchstaben »C«, »Xn« oder »Xi« abgebildeten Gefahrensymbole. Das unter »Xn« und »Xi« dargestellte Symbol wird auch als »Andreaskreuz« bezeichnet.

An Minderjährige (unter 18 Jahren) dürfen giftige Pflanzenschutzmittel nicht abgegeben werden. Außerdem ist in einigen Bundesländern die Vorlage eines behördlichen Erlaubnisscheines erforderlich, falls der Verkäufer sich nicht überzeugen kann, daß das Mittel sachgemäß verwendet werden wird.

Nicht nur der Verkauf, auch die Aufbewahrung von Pflanzenschutzmitteln darf nur in der Originalverpackung erfolgen. Leider gibt es viele Präparate der vorgenannten Giftabteilungen nur in großen Packungen (1 kg oder 1 l). Abgesehen von der Tatsache, daß dadurch die Behandlung einiger weniger Zimmerpflanzen sehr teuer wird, besteht auch die Gefahr, daß man von dem »Überfluß« etwas an Nachbarn, Bekannte usw. abgibt. Das Gesetz verbietet dies ausdrücklich, denn diese Handlungsweise kann gefährliche Folgen nach sich ziehen. Nach einiger Zeit hat man vergessen, was der weiße Puder in einem Marmeladenglas genau ist, und wehe dem, der dann einen Irrtum begeht! Also niemals auf eigene Faust kleine Mengen aus einer größeren Packung in kleinere, aber nicht originale Verpackungen umfüllen und weitergeben. Aus diesem Grunde sollte man, wenn irgend möglich, nur Mittel verwenden, die in kleinen Packungen für den Liebhaber im Handel sind.

Man bedenke aber, daß auch Mittel in einer kleinen Verpackung und solche ohne Warnzeichen mehr oder weniger giftig und gefährlich sind. Die Warnungen auf dem Etikett sind wohlbegründet, der Umgang mit Pflanzenschutzmitteln ist niemals völlig ungefährlich für den Benutzer und seine Umgebung.

Lesen Sie daher mehrmals und aufmerksam die Hinweise in der Gebrauchsanweisung und handeln Sie danach!

Vor allem Kinder können uns unangenehme Überraschungen bereiten, und leider Gottes hört man gerade bei ihnen immer wieder von Vergiftungsfällen.

Bei den in diesem Buch in bezug auf die Bekämpfung von Krankheiten und Schädlingen gegebenen Hinweisen sind jeweils nur der oder die Wirkstoffe genannt, ohne Nennung einzelner Handelspräparate. Es ist unmöglich, alle Handels- und Markenbezeichnungen der Präparate mit dem jeweils gleichen Wirkstoff von den zahlreichen Herstellerfirmen namentlich zu nennen. Der Händler, den man nach einem bestimmten Wirkstoff fragt, wird schon wissen, welches Handelspräparat er abgeben muß. Auch kann das ständig auf den neuesten Stand gebrachte Amtliche Pflanzenschutzmittelverzeichnis der Biologischen Bundesanstalt für Land- und Forstwirtschaft zu Rate gezogen werden.

10.2 Einteilung der Pflanzenschutzmittel nach ihrer Wirkung und ihre Anwendungsweise

Nach ihrer Wirkung werden die Pflanzenschutzmittel in verschiedene Gruppen eingeteilt, z. B.:

Fungizide, Mittel zur Bekämpfung von Pilzkrankheiten (*fungus* = der Pilz) bzw. zur Vorbeugung eines Pilzbefalls.

Insektizide, Mittel zur Bekämpfung von Insekten bzw. zur Vorbeugung eines Insektenbefalls.

Akarizide, Mittel zur Bekämpfung von Milben bzw. zur Vorbeugung eines Milbenbefalls. Mit diesen Präparaten sollte der Liebhaber besonders vorsichtig umgehen.

Bei der Anwendung von Pflanzenschutzmitteln ist folgendes zu beachten:

■ Behandeln Sie die Pflanzen, wenn irgend möglich, nicht im Zimmer, sondern draußen!

■ Achten Sie darauf, daß der Wind das Mittel von Ihnen fortträgt, das heißt, daß Sie den Wind im Rücken haben!

■ Tragen Sie Plastik-Handschuhe, und atmen Sie den Spritznebel oder Staub nicht ein!

■ Lassen Sie die Pflanzen möglichst draußen abtrocknen, bevor Sie sie wieder auf die Fensterbank stellen!

■ Halten Sie Pflanzenschutzmittel stets unter Verschluß und bewahren Sie sie kühl, aber frostfrei auf!

■ Lassen Sie alte Packungen, Dosen und Fläschchen nach Gebrauch nicht herumliegen, sondern sorgen Sie für ihre sichere Beseitigung!

■ Und schließlich – das kann nicht oft genug wiederholt werden – bewahren Sie die Mittel in ihrer Originalverpackung auf!

Pflanzenschutzmittel werden in verschiedener Form in den Handel gebracht. Es gibt flüssige Mittel, Spritzpulver, Sprühmittel, Stäubemittel, Präparate mit Lockmitteln und selbst Mittel, die über die Wurzel von der Pflanze aufgenommen werden. Für jedes dieser Mittel gibt es eine besondere Anwendungsweise.

Flüssige Mittel und Spritzpulver werden in der vorgeschriebenen Menge Wasser aufgelöst und mit einer Spritze auf die Pflanzen gebracht. Die auf dem Etikett angegebene Dosierung oder Konzentration muß stets genau eingehalten werden. Wendet man eine zu niedrige Konzentration an, besteht die Gefahr, daß der Parasit die Behandlung überlebt, arbeitet man mit zu hoher Dosierung, können Schäden an den Pflanzen auftreten.

Stäubemittel können mit einem – häufig mitgelieferten – Stäubegerät auf die Pflanze oder den Boden geblasen werden; bei der Behandlung des Bodens kann man das Stäubemittel auch mit Sand vermengen und ausstreuen.

Viele Mittel für den Gebrauch durch den Pflanzenliebhaber werden in Sprühdosen gehandelt. Abgesehen von anderen Bedenken muß man sich darüber im klaren sein, daß man beim Kauf einer geringen Menge des Pflanzenschutzmittels zusätzlich viel Treibgas und die Dosen-Konstruktion mit bezahlen muß. Sprühdosen enthalten ein schnell verdunstendes Treibgas; wenn man sie zu dicht an die Pflanzen hält, kann es zu Kälteschäden kommen; darum sollte man mit der Sprühdose nicht näher als 30 cm an die Pflanze herangehen.

Präparate, die ein Lockmittel enthalten, werden z. B. als Granulat bei der Bekämpfung von Schnecken verwendet. Im übrigen darf man von der anlockenden Wirkung solcher Zusätze nicht allzuviel erwarten.

Die Mittel, die über die Wurzeln aufgenommen werden, nennt man systemisch; sie werden auf den Boden gegossen oder gestreut oder sind in kleinen Patronen enthalten, die man in die Topferde steckt.

Überhaupt ist die Anwendung solcher Patronen mit systemischen Präparaten wohl die umweltfreundlichste und auch einfachste Art der Krankheits- und Schädlingsbekämpfung an unseren Zimmerpflanzen und deshalb anderen Bekämpfungsmethoden vorzuziehen, vorausgesetzt natürlich, daß für jeden Fall wirksame systemische Mittel zur Verfügung stehen und von der Pflanzenschutzmittelindustrie in Patronen-Form angeboten werden.

Wenn man die vorstehenden Maßregeln sorgfältig beachtet, kann man mit Sicherheit erreichen, was man erreichen will, nämlich die erfolgreiche Bekämpfung der Krankheiten und Schädlinge, die unseren geliebten Zimmerpflanzen nachstellen.

10.3 Pflanzenschutzgeräte

Über eine zünftige Gärtner-Rückenspritze wird kaum jemand verfügen. Die meisten Pflanzenfreunde werden aber auch mit einfacheren Geräten ihre Präparate gezielt ausbringen können.

Flüssige Mittel und Spritzpulver können mit einer kleinen Gewächshaus-Handspritze, einer Flaschenspritze oder einem kleinen Handsprühgerät ausgebracht werden.

1. Gut eignet sich die kleine Gewächshaus-Handspritze, bei der durch Hochziehen des Saugers das Rohr gefüllt und die Lösung durch das Wiederhineindrücken des Saugers ausgespritzt wird. Nachteilig ist, daß man, wenn mehrere Pflanzen zu behandeln sind, die Spritze mehrfach füllen muß. Außerdem braucht man für die Bedienung der Spritze beide Hände, man kann z. B. nicht während des Spritzens die Pflanze drehen und wenden.

2. Ebenso geeignet ist die Flaschenspritze, die man auf eine mit der Lösung gefüllte Flasche aufsetzt. Wenn man den mit der Düse versehenen Teil auf und ab bewegt, befördert man die angesaugte Lösung unter Druck hinaus. Ein Gerät, das man nur zur Behandlung von einigen wenigen Pflanzen gebrauchen kann, und das ebenso wie die Gewächshaus-Handspritze mit beiden Händen bedient werden muß.

3. Kleine Handsprühgeräte sind im Handel, bei dem es dieses Problem nicht gibt, da man hier zunächst die Lösung unter Druck bringt und danach das Gerät mit einer Hand bedient. Mit der freien Hand kann man die zu behandelnde Pflanze drehen und schräg halten.

Zum Abmessen von Stäubemitteln benötigt man eine Briefwaage, bei flüssigen Präparaten bedient man sich eines kleinen Meßglases mit einer maximal 10 ml-Skala.

Bei verschiedenen Medikamenten in der Humanmedizin wird neuerdings ein solches Meßglas mitgeliefert, und mancher Krankenhauspatient hebt das Meßgläschen, in dem ihm seine Medizin verabreicht wurde, für seine Pflanzen zu Hause auf.

Es versteht sich von selbst, daß jedes Pflanzenschutzgerät nach Gebrauch mit klarem Wasser gründlich durchgespült und gereinigt werden muß.

Gartenbesitzer, die dem Unkraut in ihrem Garten mit einem Unkrautbekämpfungsmittel (Herbizid) zu Leibe gehen, dürfen niemals mit dem gleichen Gerät ihre Zimmerpflanzen behandeln. Selbstverständlich lassen sich diese Geräte auch zum Aussprühen von klarem Wasser zur Erhöhung der Luftfeuchtigkeit im Zimmer verwenden.

10.4 Noch einige Hinweise zur Erzielung eines guten Ergebnisses

Unter einem guten Ergebnis versteht man eine durchschlagende Vernichtung des Parasiten in einer angemessenen Zeitspanne, ohne daß die Pflanze durch das angewandte Präparat Schaden nimmt.

Man kann dieses Ziel nur dann erreichen, wenn man – wie bereits betont – die in der Gebrauchsanleitung angegebene Dosierung genau einhält, und wenn man die Pflanzen von allen Seiten, besonders auch auf der Blattunterseite, gründlich mit dem Mittel behandelt. Auch soll man die Pflanzen niemals in der vollen Sonne behandeln und muß, wenn mehrere Wiederholungen vorgeschrieben sind, die Zeitabstände zwischen den Behandlungen gewissenhaft einhalten.

Und zum Schluß auch noch dies: Die behandelten Pflanzen sollen zur Nacht stets wieder abgetrocknet sein.

Nicht alle Pflanzenschutzmittel werden von allen Pflanzen gut vertragen. Anschließend folgt, in alphabetischer Reihenfolge, eine Liste von Pflanzennamen mit Angabe des Pflanzenschutzmittelwirkstoffes, der eventuell Schaden verursachen kann und deshalb nicht zur Anwendung kommen sollte. Die Liste erhebt keinen Anspruch auf Vollständigkeit; von längst nicht allen Zimmerpflanzen weiß man, wie sie auf die große Zahl der verschiedenartigsten Präparate und Wirkstoffe reagieren. Daneben üben natürlich auch die Umweltbedingungen während der Behandlung einen nicht zu unterschätzenden Einfluß auf das Ergebnis aus.

Abutilon, Zimmerahorn: Dinocap
Acalypha, Nesselschön: Dinocap
Achimenes, Schiefteller: Diazinon, Lindan
Ampelopsis, Doldenrebe: Diazinon
Anthurium, Flamingoblume: Diazinon
Aphelandra, Glanzkölbchen: Dichlorvos, Unden
Asparagus, Zierspargel: Kelthane, organische Phosphorverbindungen, Pirimor, Unden
Begonia semperflorens, Immerblühende Begonie: Unden
Bromeliaceen: Kein Mittel in Patronenform
Cissus, Klimme: Dichlorvos, Dipterex, Unden
Codiaeum, Kroton, Wunderstrauch: Unden
Cyclamen, Alpenveilchen: Organische Phosphorverbindungen
Dizygotheca, Fingeraralie: Malathion
Echeveria, Echeverie: Organische Phosphorverbindungen

Chemische Pflanzenschutzmittel ...

× *Fatshedera,* Efeuaralie: Malathion
Ficus buxifolia: Dichlorvos, Dipterex
Ficus benghalensis, Banyanbaum: Unden
Hedera, Efeu, vor allem buntblättrige Formen: Phosphorverbindungen
Primula, Primel: Carbaryl, organische Phosphorverbindungen
Saintpaulia, Usambaraveilchen: Carbaryl
Stephanotis, Kranzschlinge: Organische Phosphorverbindungen
Streptocarpus, Drehfrucht: Blüten: Organische Phosphorverbindungen
Tradescantia, Dreimasterblume: Dichlorvos
Farne: organische Phosphorverbindungen,
Adiantum, der Frauenfarn, ist jedoch empfindlich gegen nahezu alle Präparate
Zebrina, Zebra-Tradeskantie: Dichlorvos.

Für die zur Zeit in Aufschwung befindliche Hydrokultur gilt, daß man die meisten Parasiten in der üblichen Weise bekämpft, das heißt, daß man das Pflanzenschutzpräparat mit den üblichen Spritz-, Stäube- oder Sprühgeräten sorgfältig auf die Blätter bringt.
Die saugenden Insekten Thrips und Blattläuse können bei Hydrokultur aber auch gut mit Butocarboxim – eines der neueren systemischen Fungizide – enthaltenden Mitteln bekämpft werden, die man dem Wasser zufügt. Diesen Wirkstoff nehmen die Pflanzen über die Wurzel auf und transportieren ihn in alle Teile der Pflanze. Es gibt nur eine Ausnahme: beim Einblatt *(Spathiphyllum)* kann man diese Methode nicht anwenden!

11 Sonstige Bekämpfungsmethoden

Es gibt so manchen Pflanzenliebhaber, der aus verschiedenen Gründen, wenn irgend möglich, doch lieber von der Anwendung chemischer Pflanzenschutzmittel absehen möchte. Er verspricht sich mehr von alternativen, harmloseren Bekämpfungsmethoden. Man soll sich jedoch darüber im klaren sein, daß, so anerkennenswert dieses Streben auch ist, nur selten ein gleich gutes Ergebnis erzielt wird wie mit chemischen Bekämpfungsmitteln.

Der Vollständigkeit halber führen wir trotzdem nachstehend einige Mittel und Methoden an, mit denen man, sofern die erforderliche Mühe und Geduld aufgebracht werden, mitunter doch ein recht gutes Ergebnis erzielen kann.

11.1 Leitungswasser

Mit Leitungswasser kann man z. B. Spinnmilben und Thripse gut bekämpfen, wenn man befallene Pflanzen wie folgt behandelt:

Man hält die Pflanzen in der Badewanne umgekehrt nach unten und spritzt mit der Brause, mit handwarmem Wasser, die Ober- und Unterseite der Blätter gründlich ab. Vor allem die Larven und Vollinsekten werden auf diese Weise weggespült. Diese Behandlung sollte einige Male wiederholt werden, um die aus den zurückgebliebenen Eiern inzwischen geschlüpften Larven ebenfalls noch zu erfassen.

Diese Behandlung kann man natürlich nur vornehmen, wenn die Pflanzen noch nicht zu groß sind und sich bequem handhaben lassen. Eine solche Dusche trägt gleichzeitig zur Reinigung der Blätter bei und ist somit auch der Atmung und Assimilation förderlich.

11.2 Stücke oder Schalen von Apfelsinen

Im Wintergarten und Gewächshaus hat man – wie bereits besprochen wurde – oft viel Last mit Kellerasseln. Wenn man hier an mehreren Stellen kleine Stücke oder Schalen von Apfelsinen auslegt, werden sich viele Kellerasseln darunter ansammeln. Offenbar geht von den Orangen eine sichere Lockwirkung aus. Nach einigen Tagen schaufelt man diesen Köder, mit etwas der darunter befindlichen Erde und den versammelten Kellerasseln in einen alten Topf mit heißem Wasser. Auch diese Behandlung muß mehrere Male wiederholt werden, um einigermaßen Erfolg zu haben.

11.3 Ausgehöhlte Kartoffeln oder Rüben

Auch ausgehöhlte Kartoffeln oder Rüben kann man als Lockmittel gegen Kellerasseln verwenden, wenn man sich nicht zu der etwas aufwendigeren chemischen Bekämpfung entschließen kann. Die Kartoffeln oder Rüben werden mit der Aushöhlung nach unten oder schräg nach unten an den Stellen ausgelegt, an denen sich die meisten Kellerasseln aufhalten. Es muß auf jeden Fall zwischen Erde und Rübe oder Kartoffel ein Spalt bleiben, durch den die Tiere in die Aushöhlung vordringen können. Die ausgelegten Köder müssen jeden Morgen auf die Anwesenheit von Kellerasseln kontrolliert werden. Die Tiere tötet man ab in dem man sie in der Kartoffel oder Rübe mit kochendem Wasser begießt.

Ein weiteres empfehlenswertes Lockmittel sind gekochte Kartoffeln. Diese werden zusammen mit etwas Heu, Stroh oder sonsti-

Sonstige Bekämpfungsmethoden

gen trockenen Pflanzenresten in umgestülpten Blumentöpfen ausgelegt, unter deren Rand ein Steinchen oder ein Stückchen Holz geschoben wird, damit den Tieren ein schmaler Spalt zwischen Erde und Topfrand als Zugang verbleibt. Auch hier werden die in den Topf gekrochenen Asseln nach einigen Tagen mit kochend-heißem Wasser vernichtet.

11.4 Spiritus-Seifenlösung

Für die Zubereitung einer Spiritus-Seifenlösung werden zunächst 20 g gelbe Schmierseife in einem Teil von 1 l warmem Wasser aufgelöst. Anschließend werden der Rest des warmen Wassers und noch 10 ml Brennspiritus zugefügt.
Mit dieser Spiritus-Seifenlösung lassen sich Schild- und Wolläuse bekämpfen. Wenn es nur wenige Tiere sind, kann man sie mit einem Pinsel betupfen, den man in diese Lösung taucht. Bei stärkerem Befall werden die Blätter und Stengel wiederholt vorsichtig mit der Lösung abgebürstet oder gewaschen.
Besonders bei Pflanzen mit etwas zarteren Blättern empfiehlt es sich, diese nach der Behandlung mit klarem Wasser abzuspülen, um Verbrennungsschäden zu vermeiden.

11.5 Zigarettenkippen

Fünf bis sechs Zigarettenkippen legt man eine Nacht in 0,5 l Wasser. Am folgenden Morgen wird die braune Brühe abgesiebt, und man gibt etwas grüne Seife und einen Schuß Brennspiritus hinzu.
Diese Mischung eignet sich zur Bekämpfung von Blattläusen und Raupen.

11.6 Borax

Durch ihre Angewohnheit, Blatt- und Schildläuse zu »pflegen« und sogar zu verschleppen, können Ameisen recht schädlich werden. Diese lassen sich mit einer Mischung von 100 g Borax (in Drogerien erhältlich) mit 400 g Zucker bekämpfen.
Diese Mischung streut man auf die »Ameisenstraßen« oder vor den Nesteingang. Die Ameisen, auf Süßigkeiten erpicht, sorgen selbst für den Weitertransport des Giftes.

11.7 Brennesselpräparate

Kalte und heiße Aufgüsse und andere Zubereitungen von Brennesselblättern haben in Versuchen zur Bekämpfung von Blattläusen nicht die geringste Wirkung gezeigt.

11.8 Holunderblätter und Rhabarbersaft

Die zahlreichen Mittel und Mittelchen, die sonst noch dann und wann zur Bekämpfung von Blattläusen empfohlen werden, sind fast durchwegs ohne jede Wirkung. Einen gewissen Erfolg kann man vielleicht noch von Holunderblättern und Rhabarbersaft erwarten.
Für die Zubereitung einer Holunderblatt-Spritzbrühe kocht man 1000 g Holunderblätter in 1 l Wasser. Nach Absieben fügt man 28 g gelbe Schmierseife zu. Die Brühe kann dann, wenn sie abgekühlt ist, auf die Pflanzen gespritzt werden.
Ähnlich ist die Zubereitung des Rhabarber-Präparates: Man kocht 1000 g Rhabarberblätter in 1 l Wasser, siebt ab und gibt 12,5 g gelbe Schmierseife hinzu.

126

12 Auskunftsstellen für Pflanzenschutz

Biologische Bundesanstalt für Land- und Forstwirtschaft
Königin-Luise-Str. 19, 1000 Berlin-Dahlem
(Post: 1000 Berlin 33) und
Messeweg 11/12, 3300 Braunschweig

Pflanzenschutzämter

Baden-Württemberg
Landesanstalt für Pflanzenschutz
Reinsburgstr. 107, 7000 Stuttgart 1

Regierungspräsidium Karlsruhe
Pflanzenschutzdienst
Amalienstr. 25, 7500 Karlsruhe

Regierungspräsidium Stuttgart
Pflanzenschutzdienst
Breitscheidstr. 4, 7000 Stuttgart

Regierungspräsidium Freiburg
Pflanzenschutzdienst
Erbprinzenstr. 2,
7800 Freiburg/Breisgau

Regierungspräsidium Tübingen
Pflanzenschutzdienst
Keplerstr. 2, 7400 Tübingen

Bayern
Bayerische Landesanstalt für Bodenkultur
und Pflanzenbau
Abteilung Pflanzenschutz
Menzinger Str. 54, 8000 München 19

Bremen
Pflanzenschutzamt Bremen
Slevogtstr. 48, 2800 Bremen

Hamburg
Institut für angewandte Botanik – Pflanzen-
schutzamt
Marseillerstr. 7, 2000 Hamburg

Hessen
Hessisches Landesamt für Ernährung,
Landwirtschaft und Landentwicklung –
Pflanzenschutzdienst
Friedrich-Wilhelm-von-Steuben-Straße 2,
6000 Frankfurt/Main 93
Nebenstelle:
Am Versuchsfeld 17,
3500 Kassel-Harleshausen

Niedersachsen
Regierungsbezirke Braunschweig,
Hannover, Lüneburg:
Pflanzenschutzamt Hannover
Wunstorfer Landstraße 9,
3000 Hannover 91

Regierungsbezirk Weser-Ems:
Pflanzenschutzamt Oldenburg (Oldbg.)
Mars-la-Tour-Str. 9–11,
2900 Oldenburg

Nordrhein-Westfalen
Regierungsbezirke Düsseldorf und Köln:
Pflanzenschutzamt der Landwirtschafts-
kammer Rheinland
Ludwig-Erhard-Straße 99,
5300 Bonn-Bad Godesberg

Auskunftsstellen für Pflanzenschutz

Regierungsbezirke Arnsberg, Detmold und Münster
Institut für Pflanzenschutz, Saatgutuntersuchung und Bienenkunde der Landwirtschaftskammer Westfalen-Lippe
Kanalstr. 240,
4400 Münster/Westf.

Rheinland-Pfalz
Landespflanzenschutzamt Rheinland-Pfalz
Essenheimer Str. 144,
6500 Mainz-Bretzenheim

Saarland
Pflanzenschutzamt Saarbrücken
Lessingstr. 12, 6600 Saarbrücken

Schleswig-Holstein
Pflanzenschutzamt des Landes
Schleswig-Holstein
Westring 383, 2300 Kiel

Berlin (West)
Pflanzenschutzamt Berlin
Altkircher Str. 1 und 3,
1000 Berlin-Dahlem

Schweiz
Die meisten Kantone unterhalten eine »Zentralstelle für Pflanzenschutz«, die über alle Fragen des Pflanzenschutzes in ihrem Bereich Auskunft erteilt.

Österreich
Bundesanstalt für Pflanzenschutz
Wien II
Trunnerstr. 5
Für die einzelnen Bundesländer sind die Pflanzenschutzreferate der Landwirtschaftskammern zuständig.

Register

Die aufgeführten Zahlen verweisen auf das betreffende Kapitel.

130

Register

Register

Register

Weitere BLV-Bücher für Zimmerpflanzenfreunde

Margot Schubert/Rob Herwig

Wohnen mit Blumen

Der große farbige Ratgeber –
über 1000 Zimmerpflanzen

Anspruchsvolle Blumenfreunde finden in diesem großen Ratgeber Informationen zu mehr als 1000 Zimmerpflanzen aus aller Welt. Durchweg farbige Abbildungen dienen der leichteren Identifizierung, der Text gibt Anregungen zum Wohnen mit Blumen zu Hause sowie am Arbeitsplatz und erteilt Ratschläge für sachgemäße Pflanzenpflege.
15. Auflage, 367 Seiten, 340 Farbfotos, 90 Zeichnungen

Cynthia Wickham

Mit Zimmerpflanzen schöner wohnen

Das große Buch für Zimmergärtner und Blumenfreunde

Allen, die mit Zimmerpflanzen schöner wohnen wollen, werden Anleitungen zur nicht alltäglichen Raumgestaltung – von der Planung, Architektur und Farbgestaltung über Gruppen- und Einzelpflanzungen bis zu Pflanzen in Wohnräumen und am Arbeitsplatz – gegeben. Hier werden die Fragen zur Pflege beantwortet und auf hervorragenden Farbfotos alle interessanten Blatt-, Blüten- und Zwiebelpflanzen, Farne, Kakteen und andere Sukkulenten mit ihren Ansprüchen vorgestellt.
254 Seiten, 501 Farbfotos, 378 farbige Zeichnungen

Karlheinz Jacobi

Das farbige Hausbuch der Zimmerpflanzen

Über 280 Pflanzenarten – auch für den Balkon

Mehr als 280 Pflanzenarten wie Blatt-, Blüten- und Zwiebelpflanzen, Farne und Kakteen sind in diesem Zimmerpflanzen-Ratgeber ausführlich beschrieben und auf Farbfotos vorgestellt. Der Zimmerpflanzenfreund erhält zahlreiche Tips und Hinweise, die eine Auswahl erleichtern und genaue Anleitungen zur Pflege – auch für Balkonpflanzen.
9. Auflage, 190 Seiten, 172 Farbfotos, 13 farbige und 14 s/w-Zeichnungen

Rob Herwig

350 Zimmerpflanzen in Farbe

In klarer Zuordnung von Text und Bild wird hier ein großes Pflanzensortiment – von bekannten, für jeden Anfänger geeigneten Arten bis zu anspruchsvollen Gewächsen – vorgestellt. Der nachschlagefreundliche Ratgeber enthält eine Fülle von Anregungen für die Wohnraumgestaltung mit Pflanzen, gibt Hinweise und Tips für die Kombination verschiedener Pflanzenarten und erklärt deren jeweilige Ansprüche.
5. Auflage, 190 Seiten, 350 Farbfotos

In unserem Verlagsprogramm finden Sie Bücher zu folgenden Sachgebieten:
Garten und Zimmerpflanzen · Natur · Haus- und Heimtiere · Angeln, Jagd, Waffen · Sport und Fitness · Wandern und Alpinismus · Auto und Motorrad · Essen und Trinken · Basteln, Handarbeiten, Werken.

Wünschen Sie Informationen, so schreiben Sie bitte an:
BLV Verlagsgesellschaft, Postfach 400320, 8000 München 40

BLV Verlagsgesellschaft München